MÉTHODE ÉLÉMENTAIRE,

THÉORIQUE ET PRATIQUE,

POUR APPRENDRE SANS MAITRE,

LA

TENUE DES LIVRES

EN PARTIE SIMPLE ET EN PARTIE DOUBLE,

SUIVIE :

1° D'un moyen peu connu pour calculer les intérêts des comptes courants;

2° D'un précis de législation relatif au billet à ordre et à la lettre de change;

3° D'un vocabulaire des termes usuellement employés dans le commerce;

Par N.-T. BOURCQ,

Professeur de comptabilité à l'Ecole préparatoire de Châlons, membre de l'Institut polytechnique de Paris.

Ouvrage honoré d'un diplôme d'honneur.

CHALONS-SUR-MARNE.
HENRI LAURENT, IMPRIMEUR-LIBRAIRE.

1863.

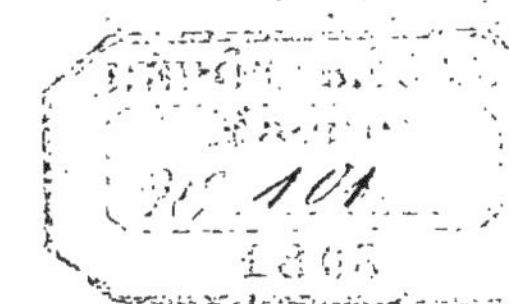

MÉTHODE ÉLÉMENTAIRE,

THÉORIQUE ET PRATIQUE,

POUR APPRENDRE SANS MAITRE,

LA

TENUE DES LIVRES

EN PARTIE SIMPLE ET EN PARTIE DOUBLE,

SUIVIE :

1° D'un moyen peu connu pour calculer les intérêts des comptes courants;
2° D'un précis de législation relatif au billet à ordre et à la lettre de change;
3° D'un vocabulaire des termes usuellement employés dans le commerce;

Par N.-T. BOURCQ,

Professeur de comptabilité à l'Ecole préparatoire de Châlons, membre de l'Institut polytechnique de Paris.

Ouvrage honoré d'un diplôme d'honneur.

CHALONS-SUR-MARNE.
HENRI LAURENT, IMPRIMEUR-LIBRAIRE

1863.

AVERTISSEMENT.

Le but principal de ce petit volume, rédigé spécialement pour de jeunes élèves, est de présenter, sous une forme méthodique, sommaire, une marche simple et facile à l'aide de laquelle on peut apprendre, en quelques leçons, la tenue des livres en partie double.

Cet abrégé contient des notions claires et précises au moyen desquelles nous espérons avoir résolu les difficultés que peuvent offrir les opérations de commerce même les plus complexes. Il est divisé en cinq parties : La première renferme les éléments de tenue de livres en partie simple. La deuxième présente un exposé succinct des livres nécessaires à un commerçant avec l'indication du mode à employer pour classer les opérations et la manière de rédiger les articles du journal en partie double. La troisième, qui n'est que le complément des deux premières, contient des opérations fictives de commerce et traite de l'établissement de la balance des comptes. Cette partie est expliquée de telle sorte qu'il suffit de la seule lecture pour pouvoir opérer sans le secours d'un maître ou professeur. La quatrième comprend : 1° Un moyen pratique pour calculer les intérêts des sommes figurant dans un compte courant. Aux opérations arithmétiques sont joints les raison-

nements propres à en faciliter l'intelligence; 2° Des comptes courants établis et expliqués d'après les méthodes généralement adoptées.

La cinquième traite du billet à ordre et de la lettre de change. Outre les diverses formules de ces effets de commerce, on trouvera les articles du code qui y sont relatifs. Enfin pour familiariser les élèves avec certains termes techniques qui ne conservent pas dans le langage commercial la signification qu'ils ont dans le langage ordinaire, nous avons cru devoir terminer cet ouvrage par un vocabulaire des termes usuellement employés dans le commerce, uniquement avec l'acception dans laquelle les prennent les négociants.

DE LA TENUE DES LIVRES

EN PARTIE SIMPLE ET EN PARTIE DOUBLE.

Pour un négociant, il ne s'agit pas seulement de se livrer à des actes de commerce, d'acheter et de vendre, il faut encore qu'il puisse s'assurer si son négoce lui est profitable ou onéreux; la *tenue des livres*, qui résume toutes ses opérations, lui en fournissant les moyens, en ce qu'elle lui permet de se rendre compte à tout moment de la situation de ses affaires, nous la définirons donc ainsi :

La tenue des livres est la description de toutes les opérations relatives aux achats et aux ventes, aux recettes et aux dépenses, c'est-à-dire aux entrées et aux sorties. Pour constater les opérations plusieurs livres sont indispensables et, dans sa prévoyante sagesse, la loi en prescrit trois qui sont, aussi bien pour la partie simple que pour la partie double :

1° Le *livre journal*,

2° Le *livre d'inventaires*,

3° Le *copie de lettres*.

DE LA TENUE DES LIVRES EN PARTIE SIMPLE.

La tenue des livres en partie simple, plus généralement adoptée que la partie double par les petits négociants, consiste à prendre note, à mesure qu'elles ont lieu, de toutes les opérations soldées ou non.

Certains négociants emploient seulement deux livres, l'un qu'ils nomment *journal*, et qui n'est en réalité qu'un *brouillard* ou *journalier*, l'autre, livre de reports ou de comptes, c'est-à-dire le *grand-livre;* d'autres font usage d'un *agenda*, main-courante ou mémorial, d'un journal et d'un grand-livre; très-peu, indépendamment de ces livres, tiennent :

Le livre de caisse;

Le carnet d'échéances;

Le livre de magasin ou d'entrées et de sorties de marchandises;
Le livre à souche pour copier les lettres de voitures;
Le livre à souche pour copier les factures;
Le copie de lettres;
Le livre d'inventaires.

Ces derniers livres, subordonnés à la nature et à la multiplicité des affaires, sont pour la plupart inutiles aux négociants ou artisans vendant au détail qui n'ont pas de teneur de livres et qui ont peu de temps à consacrer à leurs écritures.

Cependant nous donnerons une définition simple et claire de chacun des livres dont il s'agit, afin que le commerçant qui fera choix, soit de la partie simple, soit de la partie double, puisse tenir ceux qu'exigeront ses affaires, ou les faire tenir de la manière la plus régulière.

DU BROUILLARD.

Ce livre sert à prendre note simultanément des achats, des ventes, des recettes et des dépenses, et généralement de toutes les opérations qu'un négociant peut avoir à faire. Pour faciliter le report des articles au journal, il est utile que les différentes dates soient placées entre deux traits à l'encre et que les noms des acheteurs ou des vendeurs soient indiqués d'une manière apparente.

La connaissance de la tenue des livres en partie simple étant un acheminement certain pour bien saisir la marche des écritures et la connexion que les livres ont entre eux, il est essentiel, avant d'enseigner la *partie double*, de simuler des opérations et de les multiplier.

Exemple sur la manière de rédiger ce livre :

Le 1er janvier 1863, j'achète à Mielle-Caraud, négoct à Châlons-sur-Marne, 100 kos de sucre, à 1f 15c l'un; sa facture montant à 115f, *j'écris au brouillard :*

——— 1er janvier 1863. ———

Acheté à Mielle-Caraud,
100 kos sucre à 1f 15c, ci.......................... 115 »

Le même jour je revends à Camus, de la même ville, cette marchandise au prix de 1f 25c le ko; j'écris au Brouillard :

1er Do.

Vendu à CAMUS,
100 kos de sucre à 1f 25c l'un, ci. .... 125 »

Le lendemain je compte à Mielle-Caraud, en espèces, 115f, montant de sa facture; j'écris donc au Brouillard :

2 Do.

Payé à MIELLE-CARAUD,
Espèces pour solde de sa facture du 1er janvier .... 115 »

A la même date, Camus me paie les 100 kos de sucre que je lui ai vendus, j'en fais mention au Brouillard et j'écris :

2 Do.

Reçu de CAMUS,
Espèces pr solde de ma facture du 1er janv. courant. 125 »

Il serait superflu de multiplier ces exemples; la marche à suivre pour tenir ce livre est, comme on le voit, des plus faciles. Lorsque nous achetons ou que nous recevons, nous écrivons simplement : ACHETÉ ou REÇU; lorsque nous vendons, ou que nous soldons, nous écrivons : VENDU ou PAYÉ à un tel, telle chose : c'est-à-dire que nous avons à créditer le vendeur, quand nous lui achetons et à le débiter quand nous lui vendons.

Ainsi le négociant qui achètera, écrira : *avoir* un tel pour telle chose. C'est-à-dire qu'il le créditera de la valeur de la chose fournie.

Lorsqu'il vendra, il dira : DOIT un tel, c'est-à-dire qu'il le débitera du montant de la chose vendue.

Appliquant donc cette manière de rédiger les articles aux quelques achats et ventes indiqués ci-dessus, nous aurons pour spécimen de brouillard le modèle suivant :

BROUILLARD.

1er janvier 1863.

1. Avoir Mielle-Caraud,
100 kos de sucre à 1f 15c l'un, que je lui ai achetés ce jour, ci.................................... 115 »

1er Do.

1. Doit Camus,
100 kos de sucre à 1f 25c l'un, que je lui ai vendus ce jour, ci.................................... 125 »

2 Do.

1. Doit Mielle-Caraud,
Espèces que je lui ai comptées pour solde de sa facture du 1er courant.................................... 115 »

2 Do.

1. Avoir Camus,
Espèces qu'il m'a comptées pour solde de ma facture du 1er courant.................................... 125 »

Ce mode de tenir le brouillard est celui qui devrait être employé, mais il est rare qu'il en soit ainsi, surtout dans les maisons où plusieurs personnes commises, soit aux ventes, soit aux achats, sont appelées à consigner leurs opérations sur ce livre. L'essentiel, c'est que la rédaction des articles soit claire et permette d'en faire la transcription au journal sans tâtonnement.

Les chiffres que l'on remarque sur la gauche et en regard de chaque article du brouillard, indiquent que ces articles figurent au fo 1 (ou no de la page) du journal où ils sont transcrits.

DU JOURNAL ET MODÈLE DE CE LIVRE.

Le journal n'est que la mise au net du brouillard; il est très-important de s'assurer que tous les articles de ce dernier livre y sont bien rapportés et qu'aucune erreur ne s'est glissée dans les sommes.

Il ne doit contenir ni blanc, ni surcharge, ni rature, ni transports en marge (articles 8, 10 et 11 du Code de commerce). Toutes les opérations, quelles qu'elles soient doivent y figurer, et il est de l'intérêt du commerçant qu'il en soit ainsi, puisqu'en cas de contestations, les livres régulièrement tenus peuvent être admis par le juge pour faire preuve entre commerçants pour faits de commerce. (Art. 12 du Code de commerce).

En recopiant les articles du fragment de brouillard qui figure ci-dessus, on aura au journal la reproduction fidèle du brouillard, ce qui peut paraître former double emploi ; mais nous ferons remarquer que le journal devant être tenu avec la plus grande régularité, s'il n'est pas nécessaire aux petits négociants qui n'ont qu'un brouillard et qui reportent directement leurs écritures au grand-livre, ou *livre de comptes*, il est indispensable à ceux dont les affaires au détail, gros ou demi-gros sont multipliées, car il est presque impossible que le brouillard satisfasse aux exigences de la loi et ne contienne ni rature, ni surcharge.

JOURNAL.

1er janvier 1863.	
(*) 1. Avoir MIELLE-CARAUD, 115f.	115 »
100 kos de sucre à 1f 15c l'un (ou encore sa facture à).	
1er Do.	
1. Doit CAMUS, 125f...........................	125 »
100 kos de sucre (ou ma facture de ce jour montant à) à 1f 25c l'un.	
2 Do.	
2. Doit MIELLE-CARAUD, 115f.	
Espèces pour solde de sa facture du 1er courant....	115 »
2 Do.	
2. Avoir CAMUS, 125f.	
Espèces qu'il m'a comptées pour solde de ma facture du 1er courant......................................	125 »
Total égal à celui du brouillard....	480 »

(*) Les chiffres portés sur la gauche de chaque article du journal, sont les folios du grand-livre, où chacun des acheteurs et des vendeurs a un compte ouvert.

DU GRAND-LIVRE.

Le GRAND-LIVRE, *ainsi appelé parce qu'il est le résumé de toutes les opérations que comporte le journal*, présente, lorsque tous les articles de ce dernier livre y sont rapportés, *le compte de toutes les personnes* avec lesquelles on est en relation d'affaires; et lorsque nous voulons savoir si on nous doit ou si nous devons, il suffit de faire par compte et séparément, l'addition du débit et du crédit de chacun et d'en établir la différence. Sans le secours de ce livre, on est obligé, lorsqu'un correspondant désire connaître la situation de son compte, d'extraire du journal tous les articles le concernant et de les reporter sur une feuille volante ou sur un registre *ad hoc*. Ce mode de procéder occasionne une perte de temps et n'offre pas la certitude qu'aucune erreur ou omission ne s'est glissée dans l'extrait dont il s'agit. Cette manière d'opérer étant longue et incertaine, il est donc de l'intérêt du commerçant d'avoir un grand-livre qui contienne l'énumération fidèle des sommes qu'il doit et de celles qui lui sont dues; en d'autres termes, ses dettes *actives* et *passives*.

Le grand-livre est généralement établi dans la forme suivante :

F° 1. F° 1.

Doit. MIELLE-CARAUD. *Avoir.*

			F°s du journ.	fr.	c.				F°s du journ.	fr.	c.
1868 Janv.	1er	Espèces que je lui ai comptées p. solde.	1	115	»	1863 janv.	1	Sa facture à 100 kos de sucre........	1	115	»

F° 2. F° 2.

Doit. CAMUS *Avoir.*

1863 janv.	1	Ma facture à 100 k. de sucre........	1	125	»	1863 janv.	2	Espèces qu'il m'a comptées p. solde.	1	125	»

En nous reportant au journal nous trouvons au 1er article que Mielle-Caraud, nous a vendu 100 kilog. de sucre à 1 fr. 15 l'un. Nous prenons le grand-livre (*nous le supposons neuf*) et au folio 1er, nous écrivons le nom de Mielle-Caraud en tête et entre les mots *doit* et *avoir*. Voilà son compte ouvert : comme il nous a vendu de la marchandise nous en passons écriture à son crédit, c'est-à-dire à son avoir, page à droite.

Dans la première colonne nous portons l'année et le mois, la date dans la deuxième, dans la troisième le libellé de l'article, et dans les deux dernières les francs et les centimes.

La petite colonne, placée entre la désignation de l'opération et celle des sommes reçoit la page du journal où figure l'article.

Il reste maintenant à indiquer au journal que l'article dont il s'agit est reporté au grand-livre. Nous écrivons donc au journal et en regard des mots : avoir Mielle-Caraud, le folio 1 du grand-livre où le compte est ouvert.

Voici le 1er article du journal rapporté au grand-livre : pour Camus, c'est-à-dire pour le 2e article et pour tous les comptes que nous aurions à ouvrir au grand-livre, nous procéderions de la même manière.

Ce mode d'opérer est des plus faciles, et à l'aide des explications ci-dessus, toute personne même ne possédant aucune notion de comptabilité, pourra établir des livres, les tenir sans aucun autre guide et se rendre compte de ses affaires ou commerciales ou domestiques.

Pour n'avoir pas à feuilleter le grand-livre lorsque l'on veut se reporter à un compte quelconque, on établit un tableau par ordre alphabétique indiquant les noms et les folios de chacun des comptes qui y sont ouverts.

Ce tableau prend le nom de répertoire.

DU LIVRE DE CAISSE.

(Ce livre ainsi que les suivants peuvent exister ou ne pas exister, selon les besoins du négociant).

Ce livre sert à enregistrer *toutes les sommes que l'on reçoit* et *toutes celles que l'on donne.*

Du côté gauche, c'est-à-dire au *débit* ou *doit*, on inscrit toutes les recettes et du côté droit, c'est-à-dire au *crédit*, toutes les sommes qui sortent de la caisse pour quelque motif que ce soit. (Voir à la fin du volume).

DU CARNET D'ÉCHÉANCES.

Ce livre est destiné à prendre note des effets de commerce que l'on reçoit et de ceux que l'on souscrit. La page gauche est consacrée à l'enregistrement des billets à recevoir et la page droite aux billets à payer ; mais la plupart des négociants, pour en tenir lieu, ouvrent au grand-livre un compte pour les effets à recevoir et un compte pour les effets à payer, en leur affectant à chacun un n° d'ordre. (Voir à la fin du volume).

DU LIVRE DE MAGASIN.

Ce livre doit présenter régulièrement l'entrée et la sortie des marchandises, leurs nos d'ordre, leur désignation, le prix d'achat et de vente, la date de l'entrée ou de la sortie, le nom de l'acheteur, etc.

Nous le mentionnons comme livre utile dans certaines maisons et établissements et pour ordre seulement ; un marchand épicier ou mercier, un buraliste, etc., et toutes autres personnes dont les détails de vente sont nombreux, n'en font pas usage et n'en ont pas besoin pour se rendre compte approximativement des marchandises vendues et pour faire leurs commandes ou achats en temps opportun.

DU LIVRE A SOUCHE POUR COPIER LES LETTRES DE VOITURE.

Ce livre est destiné à recevoir note exacte de la sortie des marchandises ainsi que la copie des lettres de voiture qu'on établit.

DU LIVRE DE COPIE DE FACTURES.

Ce livre sert à copier toutes les factures qu'on remet à ses correspondants. On le trouve tout préparé ainsi que les précédents chez les libraires ou chez les lithographes.

DU COPIE DE LETTRES.

On copie sur ce livre par ordre de date et sans interruption, toutes les lettres qu'on adresse à ses correspondants.

Pour faciliter les recherches, un répertoire alphabétique est établi à la fin de ce livre et on y indique, après le nom du destinataire, le folio de la page où la lettre est copiée.

Ces trois derniers livres sont avantageusement remplacés par des livres en papier non collé dans lesquels on obtient la reproduction des lettres de voiture, factures ou lettres par la pression. (L'avantage essentiel de ce dernier mode est la reproduction fidèle de la lettre).

DU LIVRE DES INVENTAIRES.

Ce livre est destiné à recevoir la copie de l'inventaire qu'un négociant est tenu de faire tous les ans, sous seing privé (*c'est-à-dire sans l'intervention d'un officier public*) de ses marchandises, de ses effets mobiliers et immobiliers, de ses dettes actives et passives et de le copier, année par année, sur un registre spécial à ce destiné. (Code du commerce, art. 9).

DE LA TENUE DES LIVRES EN PARTIE DOUBLE.

Toute personne qui veut commercer, possède un capital ou est censée le posséder. Ce capital, composé de fonds (*argent*) ou de valeurs négociables (*actions, obligations, coupons de rente*, etc.), sert en tout ou partie à acheter des marchandises ou des valeurs et à les revendre.

Mais comment le négociant peut-il se rendre compte, lorsqu'il le juge convenable de ses bénéfices ou de ses pertes? Evidemment c'est, ainsi que nous l'avons déjà dit, en prenant note exacte, sur des livres particuliers, des opérations effectuées et de celles en cours d'exécution. Mais le négociant n'écrit pas j'ai acheté ou j'ai vendu, il se personnifie dans le compte capital. Ce compte, pour indiquer les accroissements ou les décroissements de la fortune particulière du négociant, doit donc être divisé en deux parties, l'une pour les achats ou les recettes, l'autre pour les livraisons ou les ventes; les opérations se trouvant ainsi groupées en un seul compte, ne permettraient pas au négociant de savoir en un instant, à moins d'un dépouillement préalable :

Les marchandises qu'il a achetées ou vendues;

L'argent qu'il a reçu ou compté;

Les effets ou valeurs qu'il a reçus, encaissés ou acquittés;

Et enfin comme résultat final ses bénéfices ou ses pertes.

Il est donc nécessaire pour la clarté des écritures de classer les opérations par nature et d'ouvrir à chacune un compte particulier. Ces divers comptes, indiquant séparément ce qu'ils ont reçu ou fourni, sont appelés comptes généraux et sont toujours débités ou crédités aux lieu et place du commerçant. Leurs débits et leurs crédits sont les contre-parties des crédits et des débits de tous les autres comptes. Ils sont l'historique de toutes les transactions et des affaires et leurs soldes augmentant ou diminuant le compte capital, indiquent les bénéfices ou les pertes.

Pour le cours dont nous nous occupons nous ne ferons emploi que de ceux désignés ci-après, savoir :

1o Caisse.

2o Marchandises générales.

3o Effets à recevoir.

4o Effets à payer.

Il est des négociants qui réunissent ces deux derniers comptes en un seul ayant pour titre : *Traites et remises.*

5o Pertes et profits.

Le compte *caisse* est débité de l'argent qu'on reçoit; il est crédité de celui qu'on donne.

Le compte *marchandises générales,* qui peut être divisé en autant de comptes qu'il y a de marchandises particulières dans le commerce qu'on exploite, est débité de toutes les marchandises qui entrent en magasin; il est crédité de toutes celles qui en sortent.

Le compte *effets à recevoir* est débité des effets qu'on reçoit ou qui entrent au portefeuille, il est crédité de ceux qu'on encaisse ou plus généralement qui sortent du portefeuille.

Le compte *effets à payer* est crédité des billets que l'on souscrit ; il est débité quand on acquitte ces mêmes billets.

Le compte *pertes et profits* est débité des pertes que l'on subit. Il est crédité des bénéfices que l'on réalise.

Le compte *frais généraux* est une division de ce dernier compte.

Les comptes généraux étant débités par le crédit de ceux qui fournissent, et crédités par le débit de ceux qui reçoivent, il en découle ce principe que dans chaque opération ou article du journal, il y a un débiteur et un créditeur et qu'on ne peut débiter un compte sans en créditer immédiatement un autre et *vice versa.* (1)

Telle est la différence existante entre la partie simple et la partie double, que dans la partie simple chaque article du journal ne comprend que le nom, soit du débiteur, soit du créancier, et ne donne lieu qu'au report d'un article au grand-livre.

Tandis que dans la partie double, chaque article du journal indique et le nom ou le compte du débiteur et celui du créancier, c'est-à-dire le compte qui doit être débité et celui qui doit être crédité, et donne lieu par conséquent à deux articles au grand-livre, l'un au débit, l'autre au crédit.

De ce qui précède il résulte, que la seule difficulté à surmonter dans chaque opération de commerce, consiste à distinguer quel est le débiteur et quel est le créditeur, c'est-à-dire quel est le compte ou la personne qui reçoit et quel est le compte ou la personne qui donne ou fournit.

A l'aide des notions que nous possédons sur la tenue des écritures en partie simple, les exemples suivants suffiront pour nous familiariser avec la manière de rédiger les articles du brouillard, du journal et du grand-livre.

(1) Les jeunes gens entendent généralement par le mot débit l'action de vendre ou de fournir des marchandises. En tenue de livres, c'est l'acception contraire qu'on attache à ce mot; il est donc très-essentiel d'appeler l'attention des élèves à cet égard dès le commencement et de bien les fixer sur la différence qui existe entre les mots débit et crédit, car c'est ce qu'ils ont le plus de peine à comprendre pour passer les opérations.

DU BROUILLARD.

Comme en partie simple, ce livre sert à prendre note de toutes les opérations à mesure qu'elles ont lieu, et, pour que leur transcription au journal soit facile, elles doivent être claires et contenir toutes les indications nécessaires.

Ainsi, par exemple, Benoît, *commerçant dont nous tenons les livres,* achète à Antoine, des marchandises s'élevant ensemble à 1,175 francs, mention de cet achat étant faite au brouillard, pour passer l'article au journal, nous disons : Qui reçoit la marchandise? Réponse Benoît; donc Benoît ayant reçu doit être débité. — Qui fournit cette marchandise? Réponse Antoine, donc Antoine qui a donné sera crédité.

Nous avons donc à faire la transcription suivante au journal :

BENOIT doit à ANTOINE,

Sa facture de ce jour montant à.................... 1,175 fr.

Mais comme il est dit plus haut que dans tout article du journal, soit comme débiteur, soit comme créditeur, l'un des comptes généraux est toujours substitué au nom du négociant, nous écrirons au journal au lieu de :

BENOIT doit à ANTOINE,

Marchandises générales doit à ANTOINE. (Et par abréviation).

Marchandises générales à ANTOINE,

Sa facture de ce jour montant à.................... 1,175 fr.

Si le même jour Benoît paie cette marchandise en espèces à Antoine, après en avoir pris note au brouillard, pour passer l'article au journal nous dirons : Qui reçoit l'argent? Réponse Antoine. — Qui donne cet argent? Réponse : Le compte-caisse de Benoît; donc nous écrirons au journal :

ANTOINE à CAISSE,

Espèces pour paiement de sa facture de ce jour.... 1,175 fr.

DU JOURNAL ET DU GRAND-LIVRE.

La forme du journal et du grand-livre étant à peu de chose près la même en partie double qu'en partie simple, nous croyons inutile d'en reproduire ici de nouveaux modèles, ce ne serait qu'une superfétation. Les opérations pratiques nous feront distinguer aisément la différence qui existe entre eux.

Nous allons donc prendre comme exercices de ce petit cours, mais pourtant sans trop les multiplier, toutes les opérations ordinaires du commerce. Chaque opération sera accompagnée d'explications qui nous feront connaître la manière de passer nos écritures. Après avoir simulé des opérations pour une période de deux mois, nous les ferons suivre d'une balance ou moyen de prouver la régularité des écritures. Nous ferons l'inventaire et enfin, en supposant que nous fassions le commerce pour notre propre compte, nous établirons notre bilan.

Avant de commencer les opérations, nous croyons utile de donner une définition simple et claire des principaux termes techniques employés généralement en comptabilité.

En voici la nomenclature :

On dit indifféremment : *Passer écriture d'un article ou en faire écriture.*

Un compte représente la personne pour laquelle il est ouvert.

Débiter un *compte,* c'est écrire que la personne doit ce qu'elle a acheté ou reçu.

Les mots *débit* ou *doit* placés en tête de la page gauche du grand-livre, ont la même signification.

Le débiteur étant celui qui a reçu est donc celui qui doit.

Créditer un compte, c'est-à-dire la personne qu'il représente, c'est indiquer que ce compte a donné ou fourni.

Le créditeur ou créancier est celui auquel on doit.

Les mots *crédit* et *avoir* sont synonymes et sont portés indifféremment, c'est-à-dire l'un ou l'autre, sur la partie droite des comptes du grand-livre.

Le solde d'un compte est l'excès ou la différence du crédit sur le débit ou du débit sur le crédit.

Solder un compte, c'est donc en compléter le paiement; si le solde, c'est-à-dire la différence, manque au *crédit*, on dit que le solde est *débiteur*; si au contraire la différence manque au *débit* pour égaler le *crédit* on dit que le solde est *créditeur*.

Soldé en ma faveur. — Solde en sa faveur.

Dans le premier cas, la personne à laquelle le compte est ouvert doit ce solde ou en est débitrice.

Dans le second cas, on lui doit ce solde, c'est-à-dire qu'elle en est créditrice.

Familiarisé avec la plus grande partie des termes dont on aura à faire un usage fréquent, on ne substituera pas, en rédigeant les articles du brouillard, le mot *avoir* : aux mots *reçu* ou *acheté*, et le mot *doit* aux mots *vendu*, *compté* ou *remis*.

Le négociant qui achètera dira : *avoir* ou *acheté* à un tel telle chose, c'est-à-dire qu'il le créditera de la valeur de la chose fournie.

Lorsqu'il vendra, il dira : *doit* un tel ou *vendu* à un tel; c'est-à-dire qu'il le débitera du montant de la chose vendue.

BROUILLARD
OU MAIN-COURANTE

De X..., de Nevers. — Commencé le 1er janvier 1863 et fini le 28 février suivant.

F° 1.

1er janvier 1863.

1. Possesseur d'une somme de 30,000f, X. veut commercer. Sa première opération consiste donc à verser ces 30,000f dans sa caisse. X. donne la somme. Caisse la reçoit; Caisse sera donc débitée et X. crédité. Mais, ainsi que nous l'avons établi, le commerçant étant représenté dans chacune de ses opérations par un des comptes généraux, qui ne sont eux-mêmes que des subdivisions du compte capital, nous aurons donc à créditer ce compte capital qui représente notre fortune particulière, des 30,000f dont il s'agit.

En conséquence, pour passer cette opération nous écrirons :

Espèces en ma possession formant mon avoir...... 30,000 »

Qui reçoit? *Caisse.* — Qui fournit? *Capital.*

Nous aurons donc au Journal :

Caisse à Capital, etc.

1er D°.

1. Acheté au comptant, c'est-à-dire contre espèces, à Maillard, marchand quincaillier à Châlons, les marchandises désignées ci-après, savoir :

200k pointes et clous à 0,65c l'un.......	130	»		
80 grosses vis assorties à 1f 50c...........	120	»		
50 serrures à 1f 30c..........................	65	»		
Clefs et pannetons..........................	45	»		
25 lampes diverses à 10f l'une...........	250	»		
200 charnières à 0,20c......................	40	»		
A reporter..........	650	»	30,000	»

Le chiffre 1, placé à gauche de chacune des premières lignes des deux articles ci-dessus, indique que ces articles sont transcrits au F° 1er du Journal.

F° 2.

Report..........	650 »	30,000 »
40 chandeliers à 1f....................	40 »	
30 casseroles en fer battu à 1f 50c........	45 »	
20 Id. en cuivre à 4f............	80 »	
50 compas à pointes et à arc de cercle à 3f.	150 »	
4 cuisinières à 50f l'une...............	200 »	
Divers autres articles de quincaillerie....	3,561 »	
		4,726 »

Cette opération ou transaction est ce qu'on appelle achat au comptant.—Comme nous sommes censé ne pas connaître le nom du vendeur, nous ne pouvons lui ouvrir de compte; ce serait du reste inutile. —Marchandises générales recevant seront débitées. — Caisse qui a donné, sera créditée. Nous écrirons donc au Journal:

MARCHANDISES GÉNÉRALES à CAISSE.

Suivront les détails ci-dessus.

1er janvier 1863.

1. Acheté aujourd'hui, contre espèces, à M. A. Sommier, raffineur, les marchandises dont détail suit:

600 pains de sucre pesant ensemble 9,000k à 1f l'un................................	9,000 »	
100k bougie de l'Etoile, à 3f l'un........	300 »	
3 tonnes d'huile épurée, poids brut 300k à 1f 10c................................	330 »	
100k de chandelle à 1f 50c l'un.........	150 »	
20 caisses d'amidon à 120f l'une.........	2,400 »	
80 caisses de savon à 120f l'une........	9,600 »	
Vermicelle et café.....................	600 »	
		22,380 »

Même raisonnement que ci-dessus.

Qui reçoit? — *Marchandises générales.*

Qui fournit? — *Caisse.*

Du 1er D°.

1. Acheté au comptant, à Leblanc 8 caisses savon, à 120f l'une.................................. 960 »

Qui reçoit? *Marchandises générales.* — Qui fournit? *Caisse.* — Donc, marchandises générales à Caisse.

A reporter............ 58,066 »

F° 3.

Report...... 58,066 »

2 janvier 1863.

1. Vendu au comptant à Camuzet 10 pains de sucre pesant net 85k, à 1f 25c, ci........................ 106 25

En faisant les mêmes questions que ci-dessus nous aurons : Caisse à marchandises générales.

5 D°.

1. Acheté à Bontoux 2 tonnes d'huile, pesant net 200k, à 1f 05c.................................. 210 »

Qui reçoit? *Marchandises générales.* — Qui fournit? *Bontoux.* — Donc : Marchandises générales à Bontoux.

7 D°.

1. Vendu à Puget les marchandises ci-après, payables dans la quinzaine :

25k de bougie, à 3f 60c l'un...............	90 »	
6 casseroles en fer battu, à 2f l'une.......	12 »	
50 charnières, à 0f 30c l'une..............	15 »	
Une cuisinière de......................	55 »	
		172 »

Qui reçoit? *Puget.* — Qui fournit? *Marchandises générales.* — Donc : Puget à Marchandises générales.

8 D°.

1. Acheté à Munier 10 lampes, à 9f 25c l'une, que je lui ai payées comme suit:

Mon billet à son ordre au 31 mars prochain.	60 »	
Mon envoi espèces pour solde............	32 50	
		92 50

Qui reçoit? *Marchandises générales.* — Qui fournit? *Effets à payer et caisse.* — Donc : Marchandises générales à divers.

9 D°.

2. Vendu à Hirsch les marchandises suivantes :

Dix serrures à 1f 80c l'une...............	18 »	
Clefs..................................	7 50	
Neuf chandeliers à 1f 50c l'un............	13 50	
Vingt pains de sucre, 170k à 1f 25c l'un.....	212 50	
		251 50

A reporter...... 58,898 25

F° 4. *Report*....... 58,898 25

Qu'il m'a payées comme suit :

En un billet de banque.................... 100 »

En une traite Henriet sur Giroult, au 10 du mois prochain............................ 110 »

En son billet à mon ordre fin courant...... 41 50

251 50

13 janvier 1863.

2. Pour me procurer les fonds de la traite Henriet sur Giroult, que Hirsch m'a remise le 9, je la négocie à Boinet, Lamouret et Cie qui m'en comptent le montant en espèces, moins 1f 25c pour escompte. — Boinet et Cie, banquiers, n'intervenant que comme intermédiaires et seulement pour encaisser, en mes lieu et place, le montant de cette traite lors de son échéance, ne doivent donc pas figurer dans mes écritures.

Et par nos questions d'usage nous sommes amenés à dire : Qui reçoit ? *Caisse* 108f 75c, et *pertes et profits* 1f 25c. — Qui fournit ? *Effets à recevoir*.............. 110 »

15 D°.

2. Afin de profiter de l'escompte pour prompt paiement, Hirsch me fait payer par son voyageur le billet souscrit par lui à mon profit, le 9 courant, et sous déduction des intérêts à courir........................ 41 50

Comme cet escompte est d'usage, nous l'accordons. En conséquence nous débitons *caisse* pour 39f 95c ; *pertes et profits* pour 1f 55c, et nous créditons *effets à recevoir* puisque le billet sort du portefeuille.

18 D°.

2. Je prends dans mon magasin, pour le besoin de mon ménage, 17k de sucre à 1f 10c l'un.............. 18 70

Cette marchandise ne devant point m'être remboursée, est donc une perte réelle ; nous en débitons *Frais généraux* par le crédit de *Marchandises générales*.

Report.......... 59,068 45

F° 5.

Report.........	59,068 45

19 janvier 1863.

2. Braine m'expédie 50 litres d'alcool rectifié à 3f l'un, et dispose sur moi, à vue, pour solde, déduction faite de 6f 25c pour rabais........................... 143 75

Qui reçoit : *Marchandises générales.* — Qui fournit : *Effets à payer.*

La traite de Braine représente un billet que nous souscrivons et que nous donnons en paiement des marchandises.

22 D°.

2. Livré 50 litres d'alcool rectifié à M. Gérard, au prix de 3f 75c l'un.................................. 187 50

Qui reçoit ? *Gérard.*

Qui fournit ? *Marchandises générales.*

23 D°.

2. Acquitté ce jour la traite Braine, du Hâvre, de.. 143 75
Contre-partie de l'article du 19.

26 D°.

2. Acheté un bureau.....................	100 »	
— un grand-livre..............	20 »	
		120 »

28 D°.

2. Gérard me paie comme suit ma facture du 22 courant :

Un récépissé sur les neveux de Gallien et Ce.	100 »	
Espèces..................................	85 »	
Diminution consentie à son profit..........	2 50	
		187 50

30 D°.

3. La tonne d'huile restant en magasin vient de perdre 30k à 1f 10c. — Payé au tonnelier pour réparation 1f 75c.. 34 75

A reporter........	59,885 70

Fo 6. *Report*....... 59,885 70

31 janvier 1863.

3. Payé 60f au garçon de magasin pour son traitement de janvier, et pris 120f pour les besoins du ménage.. 180 »

Caisse fournit. — *Frais généraux* reçoivent.

Total du mois de janvier 1863..... 60,065 70

1er février 1863.

3. Acheté à Varin, 5 tonnes d'huile, pesant net 600k. à 1f 20c l'un.............................. 720 »

150 pains de sucre à 9f 95c l'un......... 1,492 50

Ensemble......... 2,212 50 2,212 50

Il m'a consenti un rabais de 15f pour retard.

Ces 15f venant en déduction de la facture Varin, et étant pour nous un bénéfice, nous devons donc en créditer *pertes et profits*.

3 Do.

3. Touché le récépissé sur les neveux de Gallien et Cie, à vue.. 100 »

Voir l'article du 28 janvier.

5 Do.

3. Accepté la traite de Varin sur moi, au 5 mars, pour ce que je lui dois.............................. 2,197 50

Même raisonnement qu'à l'article du 19 janvier.

6 Do.

3. Emprunté 600f à Gérard pour six mois. Je lui paie par anticipation les intérêts sur ladite somme pendant trois mois au taux de 6 pour cent.......................... 600 »

Les intérêts étant une perte, nous en débitons *pertes et profits*.

8 Do.

3. Je dispose sur Puget, au 15 courant, du montant de ma facture du 7 janvier, et j'en reçois les fonds de Blanc, qui me retient un franc pour escompte....... 172 »

Qui reçoit? *Caisse* pr 171f et *pertes et profits* pr 1f.—

A reporter................ 65,347 70

F° 7.

Report.......		65,347 70
Qui fournit? *Puget,* car c'est lui qui nous donne les fonds en réalité, Blanc n'étant dans cet article qu'un intermédiaire pur et simple (de même que Boinet et Cie, le 13 janvier).		
11 février 1863.		
3. Varin m'expédie 10 caisses d'amidon à 110^{f} l'une..............................	1,100 »	
20^{k} de café à 2^{f} 50^{c} l'un...............	50 »	
		1,150 »
12 D°.		
3. Varin m'avise ce jour de verser $1,000^{f}$ chez Dupuis, au crédit du compte de Droche.............		1,000 »
Varin étant censé recevoir est débité par le crédit de *caisse.*		
15 D°.		
3. Vendu à Gérard, 25 serrures à 2^{f} l'une..	50 »	
50 compas à pointes et à arc de cercle, à 4^{f} l'un..............................	200 »	
10 étaux à main à 3^{f} 25^{c}.................	32 50	
15 casseroles en cuivre à 5^{f}.............	75 »	
3 lampes à 12^{f}.........................	36 »	
		393 50
Il m'a remis par à-compte 110^{f}.		
17 D°.		
4. Je donne ordre à Gérard de verser, pour mon compte, chez Varin, ce que je lui dois...............		150 »
20 D°.		
4. Vendu à Hirsch : 50^{k} de pointes à 80^{c}...	40 »	
12 marmites en fonte à 3^{f} 75^{c}............	45 »	
25 grosses vis à 1^{f} 75^{c}..................	43 75	
5 caisses d'amidon à 120^{f}...............	600 »	
		728 75
Il m'a remis pour solde ce qui suit :		
A reporter.............		68,769 95

F° 8.

Report............		68,769 95
En espèces..................................	350 »	
Le mandat que Bontoux avait tracé sur moi.	210 »	
Ma traite sur Hirsch, fin courant..........	168 75	
	728 75	

Pour se couvrir de ce que je lui devais, Bontoux, sans m'en aviser, avait disposé sur moi en un mandat de 210f. Ce mandat passé à l'ordre de Hirsch m'est remis en paiement. Je puis donc en débiter le compte Bontoux par le crédit de *marchandises générales*. Cette opération est très-régulière bien que le compte d'*effets à payer* n'intervienne pas. En conséquence je débite *caisse, Bontoux* et *effets à recevoir*.

22 février 1863.

4. Acheté à Barnet 100 pains de sucre, ensemble 1,000k, à 1f 15c l'un..........................	1,150 »	
7 tonnes d'huile épurée, poids brut 700k, à 1f l'un..	700 »	
50 serrures à 1f 35c........................	67 50	
150 charnières à 0,20c.....................	30 »	
20 étaux à main, à 3f l'un..................	60 »	
10 marmites en fonte, à 3f l'une........	30 »	
		2,037 50

23 D°.

4. Le mandat au 15 février dernier sur Puget, est revenu protesté entre les mains de Blanc. Celui-ci me le présente au remboursement pour 180f 90c composés comme suit :

1° Principal..................................	172 »	
2° Protêt......................................	6 »	
3° Ports de lettres.........................	1 20	
4° Intérêts depuis le 15 février dernier...	1 70	
Je paie ce retour pour cette somme.		180 90
A reporter............		70,988 35

Fo 9.

Report........		70,988 35
24 février 1863.		
4 Vendu à Gérard 100k de sucre à 1f 65c l'un.	165 »	
500k de vermicelle à 1f l'un...............	500 »	
Payé pour le transport..................	3 45	
		668 45
26 Do.		
4. J'hérite de mon oncle Barthélemy, frais de succession et autres déduits........................		25,050 »
26 Do.		
4. J'emploie la somme reçue ce jour en achats de valeurs financières dont voici les produits :		
300f de rente 3 p. o/o, Français, à 71f 80c.	7,180 »	
10 obligations 3 p. o/o, Nord, à 312f 50c.	3,125 »	
15 obligations 3 p. o/o, Ouest, à 306f 25c.	4,593 75	
16 obligations 5 p. o/o, foncières, au pair.	8,000 »	
3 actions du Comptoir national de Paris, à 667f 50c............................	2,002 50	
1/10 d'obligation 4 p. o/o, foncière.....	97 50	
	24,998 75	
Payé pour la commiss. de ces acquisitions.	45 »	
		25,043 75
27 Do.		
4. Vendu à Hirsch :		
20 serrures à 1f 50c.....................	30 »	
5 marmites, à 3f 50c....................	17 50	
10 étaux à main, à 4f..................	40 »	
4 tonnes d'huile, ensemble 400k à 1f 50c l'un.	600 »	
Payé pour le transport qui est à ma charge.	3 25	
		690 75
28 Do.		
4. Acheté de Noël et Cie, 500 litres d'alcool rectifié, à 3f l'un, que j'ai revendus ce même jour à Casse, à		
A reporter.........		122,441 30

F° 10. *Report*...... 122,441 30

raison de 3f 50c l'un, contre ce qui suit :

3 fauteuils, à 60f l'un..................	180 »	
6 chaises à 12f 50c l'une................	75 »	
1 commode de............................	120 »	
1 billet de Juliard, ord. Pascal, au 20 mars.	1,375 »	
		1,750 »

28 février 1863.

5. Payé la demi-patente de cette année....	72 80	
Timbres-poste, plumes, papier, etc........	42 50	
Total du livre de ménage..................	60 »	
		175 30

Ecritures de l'Inventaire. — *Voir les articles Balance et Inventaire, ci-après :*

28 D°.

5. Le compte *Marchandises générales*, étant soldé, me présente un bénéfice de........................ 2,103 45

28 D°.

5. Le compte *Frais généraux*, étant soldé, me présente une perte de.................................. 494 »

28 D°.

5. Le compte *Pertes et profits* soldé, me présente un bénéfice de 1,776f 15c, qui augmente ma fortune ou mon capital d'autant.................................. 1,776 15

28 D°.

5. Mon inventaire de ce jour, me donne les résultats suivants :

ACTIF.

Argent en caisse......................	1,861 30	
Marchandises générales................	32,772 »	
Valeurs à recevoir, en portefeuille.....	1,543 75	
Meubles estimés.......................	375 »	
Gérard me doit........................	201 95	
Puget me doit.........................	180 90	
Hirsch me doit........................	687 50	
		37,622 40

A reporter........ 166,362 60

F° 11.

Report....... 166,362 60

28 février 1863.

5. Mon inventaire de ce jour, me donne les résultats suivants :

PASSIF.

Mon capital est de.....................	31,776 15	
Effets à payer, en circulation..........	2,257 50	
Barnet, reste créditeur de.............	2,037 50	
Noël et Cie, id...................	1,500 »	
Le compte meubles..................	51 25	
		37,622 40
		203,985 »

1er mars 1863.

6. Au 28 février dernier, mon actif se composait de différentes sommes, ensemble..................... 37,622 40

D°.

6. Au 28 février dernier, mon passif et mon capital se composaient de différentes sommes, ensemble.... 37,622 40

JOURNAL

DE M. X...., DE NEVERS.

Commencé le 1er janvier 1863 et fini le 28 février suivant (1).

Fo 1.

	Le 1er janvier 1863.		
1/1	CAISSE à CAPITAL, 30,000f.		
	Espèces en ma possession formant mon capital............	30,000	»
	1 Do.		
2/1	MARCHANDISES GÉNÉRALES à CAISSE, 4,726f.		
	Acheté au comptant à M. MAILLARD, quincaillier, les marchandises dont le détail figure au Brouillard................	4,726	»
	1 Do.		
2/1	MARCHANDISES GÉNÉRALES à CAISSE, 22,380f.		
	Acheté contre espèces à M. Alexandre SOMMIER, les marchandises dont détail au Brouillard..................	22,380	»
	1 Do.		
2/1	MARCHANDISES GÉNÉRALES à CAISSE, 960f.		
	8 caisses savon à 120f l'une, achetées au comptant à M. Leblanc....................................	960	»
	2 Do.		
1/2	CAISSE à MARCHANDISES GÉNÉRALES, 106f 25c.		
	10 pains de sucre, pesant net 85k à 1f 25c, vendus au comptant au sieur Camuzet..........................	106	25
	5 Do.		
2/4	MARCHANDISES GÉNÉRALES à BONTOUX, 210f.		
	2 tonnes d'huile, poids brut 200k, à 1f 05c, achetées à ce dernier.....................................	210	»
	7 Do.		
4/2	PUGET à MARCHANDISES GÉNÉRALES, 172f.		
	Ma facture de ce jour s'élevant à......................	172	»
	8 Do.		
2/0	MARCHANDISES GÉNÉRALES à DIVERS, 92f 50c.		
	10 lampes à 9f 25c, achetées à Munier et payées comme suit :		
3	A EFFETS A PAYER, mon billet à son ordre au 15 mars. 60 »		
1	A CAISSE, mon envoi espèces pour solde........... 32 50	92	50
	A reporter..................	58,646	75

(1) Nous aurions pu substituer toute autre forme de Journal à celle-ci, mais il est et sera toujours loisible à tel ou tel négociant d'introduire dans ses livres les modifications qu'il jugera convenables.

Il faut reproduire au Journal tous les détails qui figurent au Brouillard et non les résumer comme ci-dessus.

Les chiffres sous forme de fraction qui existent à gauche et en regard de chaque article, indiquent les folios du Grand-Livre où les comptes sont ouverts. On ne les écrit qu'autant que les comptes du Grand-Livre sont ou débités ou crédités.

F° 2.

	Report.............		58,646 75
	Le 9 janvier 1865.		
0/2	DIVERS à MARCHANDISES GÉNÉRARES, 251^{f} 50.		
	Ma facture Hirsch de ce jour s'élevant à 251^{f} 50^{c} est acquittée par ce qui suit :		
2	*Effets à recevoir*, traite Henriet au 10 février prochain.	110 »	
	Son billet à mon ordre fin courant............	41 50	
1	*Caisse*, billet de banque soldant ma livrais. de ce jour.	100 »	251 50
	13 D°.		
0/2	DIVERS à EFFETS A RECEVOIR, 110^{f}.		
1	*Caisse*, espèces sur la négociation de la traite Henriet, escomptée à Boinet, Lamouret et Cie............	108 75	
4	*Profits et pertes*, frais sur ladite négociation......	1 25	110 »
	15 D°.		
0/2	DIVERS à EFFETS A RECEVOIR, 41^{f} 50^{c}.		
1	*Caisse*, versé par le voyageur de la maison Hirsch pour acquitter le billet à mon ordre au 31 courant.......	39 95	
4	*Profits et pertes*, bonification des intérêts à courir jusqu'à ladite époque..........................	1 55	41 50
	18 D°.		
3/2	FRAIS GÉNÉRAUX à MARCHANDISES GÉNÉRALES, 18^{f} 70^{c}.		
	17^{k} sucre à 1^{f} 10^{c} l'un, consommés dans mon ménage......		18 70
	Si les dépenses de ménage étaient importantes il faudrait leur ouvrir un compte spécial et ne pas les confondre avec les frais généraux.		
	19 D°.		
2/5	MARCHANDISES GÉNÉRALES à EFFETS A PAYER, 143^{f} 75^{c}		
	Montant de la traite Braine tirée sur moi, à vue, pour solde de 50 litres d'alcool rectifié, à 3^{f} l'un, moins 6^{f} 25^{c} p. rabais..		143 75
	22 D°.		
4/2	GÉRARD à MARCHANDISES GÉNÉRALES, 187^{f} 50^{c}		
	Livré 50 litres d'alcool rectifié à 3^{f} 75^{c} l'un...............		187 50
	25 D°.		
5/1	EFFETS A PAYER à CAISSE, 143^{f} 75^{c}.		
	Acquit d'un mandat, ou traite Braisne, à vue.............		143 75
	26 D°.		
3/1	FRAIS GÉNÉRAUX à CAISSE, 120^{f}.		
	Bureau et grand-livre achetés pour ma maison de commerce..		120 »
	28 D°.		
0/4	DIVERS à GÉRARD, 187^{f} 50^{c}.		
	Ma facture du 22 courant soldée par ce qui suit :		
2	*Effets à recevoir*, récépissé sur les neveux de Gallien et Cie, à vue..........................	100 »	
1	*Caisse*, espèces..........................	85 »	
4	*Profits et pertes*, diminution que je lui fais........	2 50	187 50
	A reporter...............		59,850 95

F°. 3.	*Report*..........			59,850	95
	Le 30 janvier 1865.				
4/0	PROFITS ET PERTES à DIVERS, 34f 75c,				
2	*A Marchandises générales*, 30k à 1f 10c, perdus par suite d'un accident survenu à une tonne d'huile..........	33	»		
1	*A Caisse*, payé au tonnelier pour réparation........	1	75	34	75
	31 D°.				
3/1	FRAIS GÉNÉRAUX à CAISSE, 180f.				
	Mois de janvier payé au garçon de magasin.......	60	»		
	Pris pour les besoins du ménage................	120	»	180	»
	TOTAL du mois de janvier 1865.....			60,065	70
	Du 1er février 1865.				
2/0	MARCHANDISES GÉNÉRALES à DIVERS, 2,212f 50c,				
5	*A Varin*, sa facture de ce jour..............	2,197	50		
4	*A Profits et pertes*, pour rabais consenti......	15	»	2,212	50
	5 D°.				
1/2	CAISSE à EFFETS A RECEVOIR, 100f				
	Touché le récépissé sur les neveux de Gallien et Cie, à vue...			100	»
	5 D°.				
5/3	VARIN à EFFETS A PAYER, 2,197f 50c.				
	Accepté sa traite 5 mars pour solde à ce jour.............			2,197	50
	6 D°.				
0/4	DIVERS à GÉRARD, 600f.				
1	*Caisse*, reçu de ce dernier pour six mois à 6 p. 0/0...	591	»		
4	*Profits et pertes*, intérêts sur ladite somme pendant trois mois..............................	9	»	600	»
	8 D°.				
0/4	DIVERS à PUGET, 172f.				
1	*Caisse*, négociation de mon mandat sur ce dernier...	171	»		
4	*Profits et pertes*, escompte dudit...............	1	»	172	»
	11 D°.				
2/5	MARCHANDISES GÉNÉRALES à VARIN, 1,150f.				
	Sa facture de ce jour s'élevant à..................			1,150	»
	12 D°.				
5/1	VARIN à CAISSE, 1,000f,				
	Versé, d'après son ordre, chez Dupuis et au crédit du compte de Droche..................................			1,000	»
	15 D°.				
0/2	DIVERS à MARCHANDISES GÉNÉRALES, 593f 50c.				
4	*Gérard*, ma facture de ce jour, déduction faite de l'à-compte par lui versé...........................	283	50		
1	*Caisse*, espèces versées par ce dernier.........	110	»	593	50
	A reporter.............			67,891	20

F° 4.				
	Report		67,891	20
	Le 17 février 1865.			
5/4	VARIN à GÉRARD, 150f,			
	Versé par ce dernier pour acquitter chez Varin sa facture du 11 courant............................		150	»
	20 D°.			
0/2	DIVERS à MARCHANDISES GÉNÉRALES, 728f 75c.			
	Ma facture de ce jour soldée par ce qui suit :			
1	*Caisse*, espèces reçues........................	550 »		
4	*Bontoux*, acquit de son mandat pour solde........	210 »		
2	*Effets à recevoir*, traite sur Hirsch 28 courant.....	168 75	728	75
	22 D°.			
2/5	MARCHANDISES GÉNÉRALES à BARNET, 2,037f 50c,			
	Sa facture de ce jour s'élevant à..........................		2,037	50
	23 D°.			
4/1	PUGET à CAISSE, 180f 90c,			
	Remboursement de ma traite au 15 février, revenue protestée faute de paiement, frais de retour et intérêts compris....		180	90
	24 D°.			
4/0	GÉRARD à DIVERS, 668f 45c,			
2	*A Marchandises générales*, ma facture de ce jour..	663 »		
1	*A Caisse*, déboursé au chemin de fer..............	5 45	668	45
	26 D°.			
1/3	CAISSE à MEUBLES, 25,080f,			
	Reçu de la succes. de mon oncle Barthelemy, tous frais déduits.		25,080	»
	26 D°.			
0/1	DIVERS à CAISSE, 25,043f 75c,			
3	*Meubles*, achat de valeurs financières dont le détail figure au Brouillard..............................	24,998 75		
4	*Profits et pertes*, commission sur cette opération.	45 »	25,043	75
	27 D°.			
0/0	DIVERS à DIVERS, 690f 75c,			
5	*Hirsch*, ma facture de ce jour s'élevant à..........	687 50		
4	*Profits et pertes*, pour port de ce que j'envoie à ce dernier..................................	3 25	690	75
2	*A Marchandises générales*, pour autant envoyé à Hirsch....................................	687 50		
1	*A Caisse*, déboursé pour le transport desdites.........	3 25		
		690 75		
	28 D°.			
0/0	DIVERS à DIVERS, 1,750f.			
	Acheté de Noël et Cie 500 litres d'alcool rectifié à 5f l'un, que j'ai revendus ce même jour à Casse contre ce qui suit :			
	A reporter.............		122,441	50

F°	Libellé	Détail		Total	
F° 5.	*Report*			122,441	50
3	*Mobilier*, 5 fauteuils à 60^{f} l'un, 6 chaises à 12^{f} 50^{c}, une commode de 120^{f}	375	»		
2	*Effets à recevoir*, pour un billet de Juliard et Pascal, 20 mars	1,575	»		
5	*À Noël et Cie*, pour 500 litres d'alcool rectifié, à 3^{f}.	1,500	»		
4	*À Profits et pertes*, p^{r} bénéfice sur cette opération.	250	»	1,750	»
	Le 28 février 1865.				
5/1	FRAIS GÉNÉRAUX à CAISSE, 175^{f} 50^{c}.				
	Imposition de la patente pour les six premiers mois de cette année	72	80		
	Timbres-poste, plumes, papier, etc.	42	50		
	Total du livre de ménage	60	»	175	50
	28 D°.				
2/4	MARCHANDISES GÉNÉRALES à PROFITS ET PERTES, 2,105^{f} 45^{c}.				
	Pour bénéfice			2,105	45
	28 D°.				
4/5	PROFITS ET PERTES à FRAIS GÉNÉRAUX, 494^{f}.				
	Solde de ce dernier compte			494	»
	28 D°.				
4/1	PROFITS ET PERTES à CAPITAL, 1,776^{f} 15^{c}.				
	Solde du premier compte			1,776	15
	28 D°.				
1/0	BALANCE DE SORTIE à DIVERS, 37,622^{f} 40^{c},				
1	*A Caisse*, pour ce qui reste en espèces et p^{r} solde.	1,861	30		
2	*A Marchandises générales*, pour ce qui reste en magasin	32,772	»		
2	*A Effets à recevoir*, p^{r} ce qui reste en portefeuille.	1,543	75		
3	*A Mobilier*, pour l'estimation de mes meubles	375	»		
4	*A Gérard*, solde de ce compte à ce jour	201	95		
4	*A Puget*, id.	180	90		
5	*A Hirsch*, id.	687	50	37,622	40
	28 D°.				
0/1	DIVERS à BALANCE DE SORTIE, 37,622^{f} 40^{c}.				
1	*Capital*, pour ce que je possède net	31,776	15		
3	*Effets à payer*, pour ce qui reste en circulation	2,257	50		
5	*Barnet*, solde de ce compte à ce jour	2,057	50		
5	*Noël et Cie*, id.	1,500	»		
3	*Meubles*, id.	31	25	37,622	40
				205,985	»

F° 6.

Le 1er mars 1865.

0/1	DIVERS à BALANCE D'ENTRÉE, 57,622f 40c.				
1	*Caisse,* pour ce qui reste en caisse et solde à nouv.	1,861	50		
2	*Marchandises générales,* en magasin...........	52,772	»		
2	*Effets à recevoir,* en portefeuille..............	1,545	75		
3	*Mobilier,* pour l'estimation de mes meubles......	375	»		
4	*Gérard,* pour son reliquat....................	201	95		
4	*Puget,* id.........................	180	90		
5	*Hirsch,* id.........................	687	50	57,622	40

1 D°.

1/0	BALANCE D'ENTRÉE à DIVERS, 57,622f 40c,				
1	*A Capital,* pr ce que je possède et pr solde à nouv.	51,776	15		
3	*A Effets à payer,* pour ce qui reste en circulation..	2,257	50		
5	*A Barnet,* pour mon reliquat..................	2,037	50		
5	*A Noël et Cie,* id.......................	1,500	»		
3	*A Meubles,* solde créditeur à nouveau..........	51	25	57,622	40

GRAND-LIVRE.

Nota. — Pour le report des articles du Journal au Grand-Livre on se sert des expressions suivantes :

Au *Débit (à un tel)* c'est-à-dire que le compte qui reçoit doit à la personne ou au compte qui fournit.

Au *Crédit (par un tel)*, c'est-à-dire que le compte qui fournit est crédité par celui qui reçoit.

On comprend que c'est par ellipse que l'on supprime les mots *débité* et *crédité*.

On pratique généralement une seconde colonne à côté de celle qui reçoit les folios du Journal ; mais cette colonne, destinée à contenir les folios dits de rencontre, n'étant pas indispensable, nous croyons devoir la supprimer.

F° 1

DOIT. CAISSE.

1863.				
Janvier.	1	1	A capital, pour espèces en ma possession	30,000 »
	2	1	A marchandises générales, pr espèces reçues.	106 25
	9	2	Id.	100 »
	13	2	A effets à recevoir, pour espèces reçues......	108 75
	15	2	Id.	39 95
	28	2	A Gérard, pour espèces reçues..............	85 »
				30,439 95
Février.	3	3	A effets à recevoir, pour espèces reçues......	100 »
	6	3	A Gérard, id..............	591 »
	8	3	A Puget, id..............	171 »
	15	3	A marchandises générales, id..............	110 »
	20	4	Id. id..............	350 »
	26	4	A meubles, id..............	25,050 »
				56,811 95
Mars.	1	6	A balance d'entrée, pour solde à nouveau....	1,861 30

BALANCE

1863.				
Février.	28	5	A divers, pour le montant de mon actif......	37,622 40

BALANCE

1863.				
Mars.	1	6	A divers, pour mon passif et mon capital net.	37,622 40

CAPITAL.

1863.				
Février.	28	5	A balance de sortie, pour ce que je possède net.	31,776 15
				31,776 15

F° 1.

AVOIR.

1863.				
Janvier.	1	1	Par marchandises générales, espèces versées..	4,726 »
	1	1	Id.	22,380 »
	1	1	Id.	960 »
	8	1	Id.	32 50
	23	2	Par effets à payer, espèces versées..........	143 75
	26	2	Par frais généraux, id..................	120 »
	30	3	Par profits et pertes, id..................	1 75
	31	3	Par frais généraux, id..................	180 »
				28,544 »
Février.	12	3	Par Varin, pour espèces versées............	1,000 »
	23	4	Par Puget, id....................	180 90
	24	4	Par Gérard, id....................	3 45
	26	4	Par divers, id....................	25,043 75
	27	4	Id. id....................	3 25
	28	5	Par frais généraux, id....................	115 30
	28	5	Id.	60 »
	28	5	Par balance de sortie, ce qui reste en espèces.	1,861 30
				56,811 95

DE SORTIE.

1863.				
Février.	28	5	Par divers, pour mon passif et mon capital net.	37,622 40

D'ENTRÉE.

1863.				
Mars.	1	6	Par divers pour le montant de mon actif.....	37,622 40

1863.				
Janvier.	1	1	Par caisse, pour espèces en ma possession....	30,000 »
Février.	28	5	Par profits et pertes, solde de ce dernier compte.	1,776 15
				31,776 15
Mars.	1	6	Par balance d'entrée, pr ce que je possède net.	31,776 15

F° 2.

DOIT. — MARCHANDISES GÉNÉRALES. — F° 2. **AVOIR.**

1863.				Fr.	c.
Janvier.	1	1	A caisse, acheté au compt. à Maillard..........	4,726	»
	1	1	Id. id. à Sommier........	22,380	»
	1	1	Id. id. 8 caisses de savon..	960	»
	5	1	A Bontoux, id. 2 tonnes d'huile....	210	»
	8	1	A divers, id. 10 lampes........	92	50
	19	2	A effets à payer, 50 lit. d'alcool rect.	143	75
				28,512	25
Février.	1	3	A divers, achat détaillé au brouillard........	2,212	50
	11	3	A Varin, id......................	1,150	»
	22	4	A Barnet, id......................	2,037	50
	28	5	A profits et pertes, pour bénéfice et pour solde.	2,103	45
				36,015	70
Mars.	1	6	A balance d'entrée, p^r ce qui reste en magasin.	32,772	»

1863.				Fr.	c.
Janvier.	2	1	Par caisse, pour vente de 10 pains de sucre...	106	25
	7	1	Par Puget, pour vente détaillée au brouillard.	172	»
	9	2	Par divers, id................	251	50
	18	2	Par frais généraux, pour consommation......	18	70
	22	2	Par Gérard, pour vente de 50 lit. d'alcool rect.	187	50
	30	3	Par profits et pertes, pour perte de 30^k d'huile.	33	»
				768	95
Février.	15	3	Par divers, pour vente détaillée au brouillard.	393	50
	20	4	Par divers, id..................	728	75
	24	4	Par Gérard, id..................	665	»
	27	4	Par divers, id..................	687	50
	28	5	Par balance de sortie, p^r ce qui reste en magas.	32,772	»
				36,015	70

EFFETS A RECEVOIR.

1863.				N^os	Fr.	c.
Janvier.	9	2	A marchandises générales, Hirsch me remet un mandat sur Giroult, 10 février......	1	110	»
	9	2	A marchandises générales, billet Hirsch à mon ordre, fin courant...............	2	41	50
	28	2	A Gérard, récépissé sur les neveux de Gallien et Cie, à vue....................	3	100	»
					251	50
Février.	20	4	A marchandises générales, traite sur Hirsch, fin courant..........................	4	168	75
	28	5	A divers, billet Juliard, ordre Pascal, 20 mars..............................	5	1,375	»
					1,795	25
Mars.	1	6	A balance d'entrée, mes n°s 5 et 4........		1,543	75

1863.				N^os	Fr.	c.
Janvier.	13	2	Par divers, traite Henriet sur Giroult, négociée..............................	1	110	»
	15	2	Par divers, billet Hirsch à mon ordre, encaissé...............................	2	41	50
					151	50
Février.	3	3	Par caisse, récépissé sur les neveux de Gallien et Cie, encaissé................	3	100	»
	28	5	Par balance de sortie, billet Juliard, 20 mars, en portefeuille...............	5	1,375	»
	28	5	— Traite sur Hirsch, fin courant, en portefeuille.............................	4	168	75
					1,795	25

Fo 3.

DOIT. EFFETS

1863.					
Janvier.	23	2	A caisse, traite de Braine acquittée.......	2	143 75
Février.	28	5	A balance de sortie, pour ceux de mes engagements qui sont encore en circulation.		2,257 50
					2,401 25

MOBILIER.

1863.				
Février.	28	5	A divers, pour trois fauteuils à 60f..........	180 »
		5	— pour six chaises à 12f 50c.........	75 »
		5	— pour une commode..............	120 »
				375 »
Mars.	1	6	A balance d'entrée, pr les meubles ci-dessus..	375 »

MEUBLES.

1863.				
Février.	26	4	A caisse, achat de diverses valeurs financières.	24,998 75
	28	5	A balance de sortie, solde du présent........	51 25
				25,050 »

FRAIS

1863.				
Janvier.	18	2	A marchandises générales, pour consommation de 17k de sucre.......................	18 70
	26	2	A caisse, pour bureau et grand-livre........	120 »
	31	3	A caisse, traitement de mon garçon et dépenses de ménage..........................	180 »
				318 70
Février.	28	9	A caisse, pour 1/2 patente 1863, fournitures de bureau et dépenses de ménage..........	175 30
				494 »

Fo 3.

À PAYER. *AVOIR.*

1863.					
Janvier.	8	1	Par marchandises générales, mon billet ordre Munier, 15 mars.............	1	60 »
	19	2	— Traite de Braine à vue.............	2	143 75
					203 75
Février.	5	3	Par Varin, sa traite au 5 mars...........	3	2,197 50
					2,401 25
Mars.	1	6	Par balance d'entrée, pour ceux de mes engagemts qui sont encore en circulation.		2,257 50

1863.				
Février.	28	5	Par balance de sortie, solde du présent......	375 »
				375 »

1863.				
Février.	26	4	Par caisse, pour la succession de mon oncle..	25,050 »
				25,050 »
Mars.	1	6	Par balance d'entrée, solde à nouveau.......	51 25

GÉNÉRAUX.

1863.				
Février.	28	5	Par profits et pertes, pour solde du présent...	494 »
				494 »

DOIT. *AVOIR.*

BONTOUX, A CARCASSONNE.

1863.				
Février.	20	4	A marchandises générales, sa traite sur moi pour solde.	210 »

1863.				
Janvier.	5	1	Par marchandises générales, achat de deux tonnes d'huile.	210 »

PERTES ET PROFITS.

1863.				
Janvier.	13	2	A effets à recevoir, escompte et commission.	1 25
	15	2	— bonification.	1 55
	28	2	A Gérard, rabais.	2 50
	30	3	A divers, perte de 30k d'huile.	34 75
				40 05
Février.	6	3	A Gérard, intérêts.	9 »
	8	3	A Puget, escompte et commission.	1 »
	26	4	A caisse, commission sur achat de valeurs.	45 »
	27	4	A divers, port de marchandises.	3 25
	28	5	A frais généraux, solde de ce dernier compte.	494 »
	28	5	A capital, solde de ce compte.	1,776 15
				2,368 45

1863.				
Février.	1	3	Par marchandises génér., rabais à moi accordé.	15 »
	28	5	Par divers, bénéfice sur une transaction.	250 »
	28	5	Par marchandises générales, bénéfice produit par ce dernier compte.	2,103 45
				2,368 45

PUGET A ARRAS.

1863.				
Janvier.	7	1	A marchandises générales, ma fact. de ce jour.	172 »
Février.	23	4	A caisse, retour de mon mandat de 172f.	180 90
				352 90
Mars.	1	6	A balance d'entrée, solde à nouveau.	180 90

1863.				
Février.	8	3	Par divers, ma disposition pour solde.	172 »
	28	5	Par balance de sortie, solde débiteur à nouv.	180 90
				352 90

GÉRARD, DE SAUMUR.

1863.				
Janvier.	22	2	A marchandises génér., 50 lit. d'alcool rectifié.	187 50
Février.	15	3	— Ma facture de ce jour, déduction faite de ce que j'ai reçu.	283 50
	24	4	A divers, ma facture de ce jour et port de son contenu.	668 45
				1,139 45
Mars.	1	6	A balance d'entrée, solde débiteur à nouveau.	201 95

1863.				
Janvier.	28	2	Par divers, solde de ma facture du 22 courant.	187 50
Février.	6	3	Par divers, sa remise espèces.	600 »
	17	4	Par Varin, versé à ce dernier.	150 »
	28	5	Par balance de sortie, solde débiteur à nouv.	201 95
				1,139 45

DOIT. AVOIR.

VARIN, DE NIORT.

Doit

Date		Fo		Sommes
1863. Février.	5	3	A effets à payer, sa traite, 5 mars...........	2,197 50
	12	3	A caisse, versé chez Dupuis d'après son ordre.	1,000 »
	17	4	A Gérard, versé par ce dernier pour solde....	150 »
				3,347 50

Avoir

Date		Fo		Sommes
1863. Février.	1	3	Par marchandises génér., sa facture de ce jour.	2,197 50
	11	3	Id..............................	1,150 »
				3,347 50

BARNET, DE CLERMONT-FERRAND.

Doit

Date		Fo		Sommes
1863. Février.	28	5	A balance de sortie, solde créditeur à nouveau.	2,037 50
				2,037 50

Avoir

Date		Fo		Sommes
1863. Février.	22	4	Par marchandises générales, sa facture de ce jour................................	2,037 50
				2,037 50
Mars.	1	6	Par balance d'entrée, solde créditeur à nouv..	2,037 50

HIRSCH, DE PARIS.

Doit

Date		Fo		Sommes
1863. Février.	27	4	A divers, ma facture de ce jour.............	687 50
				687 50
Mars.	1	6	A balance d'entrée, solde débiteur à nouveau..	687 50

Avoir

Date		Fo		Sommes
1863. Février.	28	5	Par balance de sortie, solde débiteur à nouveau.	687 50
				687 50

NOEL ET Cie, D'ANGOULÊME.

Doit

Date		Fo		Sommes
1863. Février.	28	5	A balance de sortie, solde créditeur à nouveau.	1,500 »
				1,500 »

Avoir

Date		Fo		Sommes
1863. Février.	28	5	Par divers, 500 litres d'alcool rectifié à 3f....	1,500 »
				1,500 »
Mars.	1	6	Par balance d'entrée, solde créditeur à nouv..	1,500 »

DE L'INVENTAIRE ET DE L'ÉTABLISSEMENT DES BALANCES.

Lorsqu'on veut connaître sa position, c'est-à-dire l'état de ses affaires ou de sa fortune, on doit dresser son inventaire ou bilan ; mais au préalable on s'assure par une balance provisoire de l'exactitude des écritures. A cet effet on établit, sur une feuille volante, l'état nominatif des comptes ouverts au grand-livre et dans l'ordre de succession où ils y sont inscrits. Après avoir fait l'addition de tous ces comptes, on rapporte le total que l'on trouve au débit et au crédit, en regard de chacun d'eux. Il doit résulter de cette opération une concordance parfaite entre la somme totale des débits et celle des crédits. S'il existe une différence on la cherche en s'assurant que tous les articles du Journal ont été reportés exactement au Grand-Livre. L'erreur étant rectifiée il doit s'en suivre que l'addition, soit des débits, soit des crédits, est égale à celle du Journal. Il ne peut en être autrement puisque tous les articles qui y figurent ont été reportés régulièrement au Grand-Livre.

Appliquant donc ces principes à la balance de nos opérations, on trouve les résultats suivants :

F°s du Grand-Livre.	DÉSIGNATION DES COMPTES.	BALANCE.				SOLDES			
		DÉBIT.		CRÉDIT.		DÉBITEURS.		CRÉDITEURS	
1	Caisse.	56811	95	54950	65	1861	30	»	»
1	Capital.	»	»	30000	»	»	»	30000	»
2	Marchandises générales	33912	25	3243	70	30668	55	»	»
2	Effets à recevoir.	1795	25	251	50	1543	75	»	»
3	Effets à payer.	143	75	2401	25	»	»	2257	50
3	Mobilier.	375	»	»	»	375	»	»	»
3	Meubles.	24998	75	25050	»	»	»	51	25
3	Frais généraux.	494	»	»	»	494	»	»	»
4	Boutoux.	210	»	210	»	»	»	»	»
4	Profits et pertes.	98	30	265	»	»	»	166	70
4	Puget.	352	90	172	»	180	90	»	»
4	Gérard.	1139	45	937	50	201	95	»	»
5	Varin.	3347	50	3347	50	»	»	»	»
5	Barnet.	»	»	2037	50	»	»	2037	50
5	Hirsch.	687	50	»	»	687	50	»	»
5	Noël et Cie.	»	»	1500	»	»	»	1500	»
		124366	60	124366	60	36012	95	36012	95

Nos écritures étant régulières, ainsi qu'il est constaté par la balance ci-dessus, pour connaître le résultat de nos transactions à la date du 28 février, il faut inventorier les marchandises qui restent en magasin. Ces marchandises, d'après le travail que nous supposons avoir effectué, s'élèvent à la somme de... 32,772 »

Maintenant, pour établir la *balance de sortie* il faut d'abord solder tous les comptes qui se balancent entre eux. En conséquence nous nous reportons au compte *Marchandises générales*, et nous remarquons que ce compte est débité de.... 33,912 25

Et qu'il est crédité de.......................... 3,243 70

Différence............. 30,668 55

La valeur des marchandises en magasin étant de 32,772f, nous trouvons que notre bénéfice est de................ 2,103 45

Nous en créditons le compte *Pertes* et *Profits* et nous avons ainsi au Journal :

Marchandises générales à Profits et Pertes,

Pour bénéfice brut............................ 2,103 45

Ce bénéfice devant être diminué de nos dépenses personnelles, frais divers, etc., en d'autres termes de nos frais généraux montant à 494f, nous devons en débiter le compte Pertes et Profits.

Nous avons donc à porter au Journal :

Pertes et Profits à Frais généraux,

Pour frais divers de maison, de bureau, etc......... 494 »

Ensuite nous soldons Pertes et Profits. Ce solde représentant nos bénéfices nous en créditons donc notre compte Capital, et nous écrivons au Journal :

Pertes et Profits à Capital,

Pour bénéfice net............................. 1,776 15

De ce qui précède il résulte que pour déterminer les bénéfices ou les pertes il faut :

1o Etablir l'inventaire des marchandises existantes en magasin;

2o Solder le compte Marchandises par Pertes et Profits;

3° Solder le compte Pertes et Profits par Frais généraux ;

4° Solder Pertes et Profits par Capital, c'est-à-dire du montant total de nos bénéfices.

De la manière de fermer les comptes et de les rouvrir.

Fermer un compte c'est le solder ; le rouvrir c'est continuer à y inscrire de nouvelles opérations.

Pour fermer tous les comptes par *Balance de sortie* (compte fictif) et les rouvrir par *Balance d'entrée* (également compte fictif) on solde tous les comptes débiteurs en les créditant de leurs soldes par le Débit de *Balance de sortie* et, on a ainsi pour titre :

Balance de sortie à Divers,

Pour le montant des soldes ci-après, formant mon actif :

A Caisse	1,861	30
A Marchandises générales	32,772	»
A Effets à recevoir	1,543	75
A Mobilier	375	»
A Gérard	201	95
A Puget	180	90
A Hirsch	687	50
	37,622	40

Puis on solde tous les comptes créditeurs en les débitant de *leurs soldes* par le crédit de Balance de sortie, en termes plus élémentaires, on procède de la manière indiquée ci-dessus, mais inversement ; c'est-à-dire qu'on ajoute au *débit* de chaque compte la somme qui y manque pour égaler celle du *Crédit;* on a pour titre :

Divers à Balance et sortie.

Capital	31,776	15
Effets à payer	2,257	50
Barnet	2,037	50
Noël et Cie	1,500	»
Meubles	51	25
	37,622	40

Tous les comptes se trouvant ainsi fermés au Grand-Livre, c'est-à-dire balancés, nos écritures sont terminées. Si nous continuons nos opérations il faut rouvrir les comptes à nouveau *par la balance d'entrée.*

On débite donc tous les comptes débiteurs par le crédit de Balance d'entrée du montant de leurs soldes.

Reprenant tous ces comptes (voir Balance de sortie à divers) nous les débitons comme il suit :

Divers à Balance d'entrée,

Montant des soldes au 28 février 1863, des comptes suivants, composant mon actif :

Caisse	1,861	30
Marchandises générales	32,772	»
Effets à recevoir	1,543	75
Mobilier	375	»
Gérard	201	95
Puget	180	90
Hirsch	687	50
	37,622	40

Pour rouvrir à nouveau tous les comptes créditeurs, on les crédite de leurs soldes par le débit de *Balance d'entrée.*

Reprenant tous les comptes créditeurs (voir l'article Divers à Balance de sortie) nous les créditons comme suit :

Balance d'entrée à Divers,

Pour les soldes des comptes ci-après, composant mon capital et mon passif, au 28 février :

A Capital	31,776	15
A Effets à payer	2,257	50
A Barnet	2,037	50
A Noël et Cie	1,500	»
A Meubles	51	25
	37,622	40

Tous les soldes débiteurs et créditeurs étant de nouveau reportés à leurs comptes respectifs, c'est-à-dire après avoir *débité* et *crédité* tous ces comptes de leurs soldes, on continue comme précédemment à passer écriture de chaque opération, soit ventes, achats, recettes, dépenses, négociations, acceptations, etc., d'après les principes et la marche que nous avons tracés.

Il n'y aurait d'interruption dans ces nouvelles opérations qu'autant que nous cesserions notre commerce ou que nous voudrions établir un nouvel inventaire, soit après plusieurs mois, soit en fin d'année.

DES COMPTES-COURANTS.

Les comptes-courants se composent des sommes qu'on verse à condition de les retirer à volonté, suivant les besoins de chaque jour; en conséquence on doit l'intérêt sur toutes les sommes qu'on reçoit; par contre on nous doit l'intérêt sur toutes les sommes que nous comptons.

Avant de passer à l'établissement de ces comptes nous devons indiquer un moyen pratique, à l'aide duquel on peut déterminer ne connaissant même que les quatre premières règles de l'arithmétique, l'intérêt d'une somme figurant dans un compte-courant.

Tout le monde sait que pour calculer l'intérêt d'une somme quelconque appelée *capital*, placée à un taux donné et pendant un laps de temps que l'on peut transformer en jours ou *nombres*, on doit faire le raisonnement suivant :

Le taux de l'intérêt étant l'argent que rapportent 100f dans un an, l'intérêt d'une somme quelle qu'elle soit, placée pendant un an, sera égal au taux multiplié par le nombre abstrait indiquant combien 100 est contenu dans le capital placé.

Ainsi, l'intérêt de 902f par an, à 6 p. %, serait

$$\frac{902}{100} \times 6 = \frac{902 \times 6}{100}$$

Si cette somme était placée pendant un jour, l'intérêt serait 360 fois moins, ou

$$\frac{902 \times 6}{100 \times 360}$$

Et, pendant 48 jours, il serait 48 fois plus grand, ou

$$\frac{902 \times 6 \times 48}{100 \times 360} = \frac{902 \times 48 \times 6}{100 \times 360} = 7^{f}\,22^{c}.$$

D'après cette manière d'opérer on voit donc que pour trouver l'intérêt d'une somme placée pendant un certain nombre de jours, il faut multiplier le capital par ce même nombre de jours et par le taux, puis diviser le produit par 360 × 100 ou 36,000.

Si donc on avait à calculer l'intérêt de diverses sommes, placées à un même taux ou à un taux différent et pendant divers laps de temps, il faudrait multiplier chaque somme par le nombre de jours correspondants et par le taux, faire la somme de tous les produits ainsi obtenus et la diviser par 100 × 360, ou par 36,000, diviseur invariable.

Ainsi, 902f placés pendant 48 jours, au taux de 6 p. % l'an,

325	—	25	—	5f 50c
798	—	17	—	5f

donneraient :

$$\frac{\overline{902 \times 48 \times 6} + \overline{325 \times 25 \times 5,50} + \overline{798 \times 17 \times 5}}{100 \times 360}$$

$$= \frac{259776 \times 44687.50 \times 67830}{100 \times 360} = \frac{372.293.50}{100 \times 360} = 10,34$$

Procédant par un autre mode qui découle de ce que l'expression $\frac{902 \times 48 \times 6}{100 \times 360}$ peut se mettre sous cette forme $\frac{902 \times 48}{\frac{100 \times 360}{6}}$ on voit que pour obtenir l'intérêt d'une somme quelconque,

5

placée pendant un certain nombre de jours et à un taux donné, il suffit de multiplier le capital ou la somme par le nombre de jours, et de diviser le produit par le quotient de la division de 36,000 par le taux.

Ainsi, le taux étant à 2 p. 0/0, le diviseur serait 18,000 ou

$$\frac{360 \times 100}{2}$$

Le taux étant à 3 p. 0/0, le diviseur serait 12,000 ou

$$\frac{360 \times 100}{3}$$

Le taux étant à 4 p. 0/0, le diviseur serait 9,000 ou

$$\frac{360 \times 100}{4}$$

Le taux étant à 4 1/2 p. 0/0, le diviseur serait 8,000 ou

$$\frac{360 \times 100}{4,50}$$

Le taux étant à 5 p. 0/0, le diviseur serait 7,200 ou

$$\frac{360 \times 100}{5}$$

Le taux étant à 5 1/2 p. 0/0, le diviseur serait 6,545 ou

$$\frac{360 \times 100}{5,50}$$

Le taux étant à 6 p. 0/0, le diviseur serait 6,000 ou

$$\frac{360 \times 100}{6}$$

Un compte-courant renferme ordinairement un grand nombre de sommes sur lesquelles l'intérêt doit être trouvé; mais comme il serait trop long de faire les calculs sus-indiqués sur chacune d'elles, on n'effectue sur ces sommes *que l'opération pratique*. On fait le total des *nombres* et on n'opère *les calculs* que sur le total lui-même.

Compte de M. X..... chez M. Ach. Jacquinot, banquier à Nevers, arrêté au 31 mars 1862. Intérêt fixé par correspondance à 6 p. °/o et commission de retrait 1/4.

(Selon lettre du 15 décembre 1861)

DÉBIT.							CRÉDIT.						
DATES.	SOMMES. fr.	c.	LIBELLÉ.	ÉCHÉANCES.	JOURS	NOMBRES	DATES.	SOMMES. fr.	c.	LIBELLÉ.	ÉCHÉANCES.	JOURS	NOMBRES
Janv. 6	500	»	Ma remise en espèces, val.	6 Janv.	84	420	Janv. 2	10,000	»	Votre remise en espèces, v.	3 Janv.	87	8.700
15	1,000	»	» »	15 »	75	750							
Févr. 10	2,000	»	» »	10 Févr.	49	980							
			Balance des nombres.			6.550				109f 15c. Intérêts sur la balance des nombres.			
	6,600	40	Solde créditeur au	31 Mars 1865.				100	40	*A déduire :* 8f 75c. Commiss. 1/4 sur 5,500. Paiements.			
	10,100	40				8.700		10,100	40				8.700

D'après ce modèle, on voit que les sommes du débit paient, à partir du jour des remises, des intérêts au banquier ou pour parler plus justement des nombres, et que celles du crédit, au contraire, en rapportent à X..... à partir du dépôt. Le compte étant arrêté au 31 mars, nous établissons dans une colonne particulière les nombres de jours compris entre la valeur donnée à chaque somme et l'époque d'arrêté de compte. Les mois ont leur nombre de jours entier. Ainsi pour la somme du crédit placée le 2 janvier et rapportant intérêt à X..... à partir du 3, nous avons 28 jours du mois de janvier, 28 de février et 31 de mars, ensemble 87 jours qui, multipliés par 10,000 et divisés par 100, donnent le *nombre* 8,700. Opérant de même pour les sommes prises en différentes fois par le même et qui figurent à son débit, nous trouvons pour la première 420 *nombres*, pour la deuxième 750 et pour la troisième 980 qui, réunis, forment un total de 2,150 nombres. M. X..... paiera donc à M. Ach. Jacquinot 2,150 nombres et ce dernier lui en doit 8,700; il est donc clair qu'il est dû à M. X..... la différence ou balance entre ces deux nombres, qui est de 6,550. Je divise donc par 60, comme il est dit ci-dessus puisque le taux est 6 %, et j'ai 109f 15c d'intérêts à porter au crédit. Le banquier prélève toujours sur les fonds pris à sa caisse un droit, nommé commission de retrait, qui varie suivant le mouvement qui doit s'opérer dans un compte.

Le compte ci-dessus a sa commission de retrait fixée à 1/4 % ou ce qui revient au même, à 1/4 de franc pour chaque cent francs retirés ou 0f 25c.

Nous avons pris, dans le courant du 1er trimestre 1862, 3,500f qui produisent 8f 75c de commission, somme qui doit être portée au débit ou bien encore déduite des 109f 15c; dans ce cas nous n'aurons à porter au crédit que 100f 40c. La différence entre le crédit et le débit indique ce qu'il revient à M. X..... Le solde du compte en question est donc de 6,600f 40c en faveur de ce dernier, il est appelé pour ce motif *solde créditeur*. Ce même solde se place dans la colonne du débit pour balancer les totaux ; on agit de même pour les nombres.

Autre exemple.

Dans le compte qui suit, comme dans le précédent, les sommes du *débit* paient les *nombres* produits par elles et celles du *crédit* font le contraire. En se reportant au *crédit* on voit figurer des espèces, valeur du lendemain, et des valeurs (traites ou billets) sur les pays mentionnés dans le dit compte, valeur de l'échéance.

D'où il s'ensuit que la valeur de 250f sur Montpellier au 30 juin ne produit dans ce compte aucun intérêt puisqu'elle échoit à l'époque de l'arrêté. Chacune de ces dites valeurs supporte un change ou commission de paiement à la charge du cédant, excepté celle sur Bordeaux qui, pour cette raison, est prise au pair. Ce change est pris sur un minimum de cent francs.

Le total des changes est dans le compte qui suit de 1f ; ce qui diminue notre crédit d'autant. Cette somme, jointe à la commission de retrait sur les paiements qui nous ont été faits, se monte à 25f 90c. La balance de nombres divisée par 60, accorde à M. X..... 89f 35c d'intérêt.

Je déduis de ces 89f 35c les 25f 90c et je porte net au crédit 63f 45c.

Le *débit* diminué du *crédit* donne un solde *débiteur* de 936f 15c qui est porté dans la colonne du *crédit* afin d'égaliser comme dans le compte précédent les capitaux. La même chose s'opère pour les nombres.

Compte de M. X...... chez Ach. Jacquinot, banquier à Nevers, arrêté au 30 juin 1862.
Les conditions maintenues dans leur entier.

DÉBIT.									CRÉDIT.										
DATES.		SOMMES.		LIBELLÉ.	ÉCHÉANCES.		JOURS	NOMBRES	DATES.		SOMMES.		Produit des changes	Changes.	LIBELLÉ.	ÉCHÉANCES.		JOURS	NOMBRES
1862.	»	fr.	c.						1862.		fr.	c.	fr. c.						
Avril.	1	500	»	Ma remise espèces, val.	1	Avril.	90	270			6,600	40			Solde créditeur au	31	Mars.	91	6,006
Mai.	30	1,300	»	» »	30	Mai.	31	465	Avril.	4	400	»			Votre remise espèces, valeur.	8	Avril.	86	344
Juin.	4	150	»	» »	4	Juin.	26	39		7	250	»	» 25	10	Montpellier.	30	Juin.	Ep.	»
»	25	8,000	»	» »	25	»	5	400	Mai.	9	100	»	» 15	15	Châteauroux.	15	Mai.	46	46
				Balance des Nombres,				5,362		12	600	»	» 60	10	Limoges.	15	Juin.	15	90
									Juin.	11	1,000	»	Pair.		Bordeaux.	25	»	5	50
															89,35. Intérêts sur Nombres				
															A déduire :				
															1f » Changes.				
											63	45			24 90 Com. s. 9,950, Paiements.				
															25 90				
											936	15			Solde débiteur au	30	Juin. 1862.		
		9,950	»					6.536			9,950	»	1. »						6.536

Les deux exemples qui précèdent font partie de la méthode dite *directe*, celui qui va suivre fait partie de la méthode *rétractive* ou *inverse*.

Ces deux méthodes sont, au fond, les mêmes et aboutissent au même résultat, quoique opérant par des moyens différents. La méthode *rétractive* ou *inverse* consiste à ramener tous les nombres à l'époque du dernier arrêté. Prenons pour exemple le compte cité en dernier lieu et nous verrons que le solde qui est ici le résultat sera le même dans les deux cas. Nous posons dans la colonne des jours ceux compris entre la date du dernier arrêté et la valeur donnée à chaque somme, et les nombres ainsi formés sont au débit dus par M. Jacquinot à X..... et au crédit dus par ce dernier à M. Jacquinot. (*Afin de bien saisir ceci, rappelons-nous que dans les comptes ci-dessus, il est dit que les nombres ou les intérêts qui en découlent sur les sommes du débit, sont dus par X..... leur preneur et qu'il lui en est dû au contraire sur celles du crédit, chacune depuis leur valeur respective jusque la date où l'on arrête le compte*). X..... doit les intérêts sur la 1re somme du débit depuis le 1er avril jusqu'au 30 juin ; alors lui bonifiant un jour d'intérêt sur ces 300f, c'est-à-dire le seul jour compris entre le 31 mars et la valeur de cette somme, il doit nécessairement les intérêts sur cette même somme pendant tout le trimestre. X..... doit également les intérêts sur la suivante depuis le 30 mai jusqu'au 30 juin, par la même raison, il nous les doit sur ces 1,500f pendant le trimestre entier puisque nous les lui bonifions pendant l'autre partie de ce trimestre. De même pour toutes les autres sommes du débit. Ainsi donc les nombres sur ces sommes sont en faveur de X..... puisque nous les lui bonifions et par contre, il nous doit ceux sur les dites pendant le courant du trimestre.

M. Jacquinot doit les nombres sur la valeur de 250f figurant au crédit à partir du 30 juin seulement; en calculant les nombres depuis le 31 mars jusqu'au 30 juin, il est facile de comprendre qu'ils seront dus par X..... La somme suivante ne devant commencer à compter des intérêts que du 15 mai, les nombres résultant du produit de ces 100f par les jours antérieurs au 15 mai, devront alors être à la charge de X..... et pour la même raison. Ces mêmes nombres sont donc dus par X..... et il est par conséquent dû à ce dernier ceux sur les sommes du crédit pendant tout le trimestre. Celui-ci doit donc les nombres sur 9,950f du débit pendant 91 jours et Jacquinot les nombres sur 8,950f 40c du crédit pendant 91 jours.

Le premier doit par conséquent 910 *nombres* sur 999f 60c la différence ou balance entre les deux sommes ci-dessus, lesquels sont portés au crédit dans la colonne spéciale. Les nombres du débit dûs à X..... s'élèvent à 7,880 et excèdent de 5,362 ceux du crédit qui sont de 2,518. Il est donc juste de porter à son crédit les intérêts sur ces 5,362 nombres qui, à 6 %, donnent 89f 35c, somme exacte aux intérêts également bonifiés dans le compte qui nous a servi de modèle. Les changes et commission posés, nous avons le même solde qu'auparavant. Donc la méthode *rétractive* ne diffère de la méthode *directe* que par la manière d'opérer.

Compte de M. X...... chez M. Ach. Jacquinot, banquier à Nevers, arrêté au 30 juin 1862.

DÉBIT.

DATES.		SOMMES.		LIBELLÉ.	ÉCHÉANCES.		JOURS	NOMBRES
1862.		fr.	c.					
Avril.	1	300	»	Ma remise espèces, val.	1	Avril.	1	3
Mai.	30	1,500	»	» »	30	Mai.	60	900
Juin.	4	150	»	» »	4	Juin.	65	97
»	25	8,000	»	» »	25		86	6.880
		9,950	»					7.880

CRÉDIT.

DATES.		SOMMES.		Produit des changes	Changes	LIBELLÉ.	ÉCHÉANCES.		JOURS	NOMBRES
1862.		fr.	c.	fr.						
»		6,600	40			Solde créditeur au	31	Mars.	Ep.	»
Avril.	4	400	»			Votre remise espèces, valeur.	5	Avril.	5	20
»	7	250	»	» 25	10	Montpellier.	30	Juin.	91	227
Mai.	9	100	»	» 15	15	Châteauroux.	15	Mai.	45	45
»	12	600	»	» 60	10	Limoges.	15	Juin.	76	456
Juin.	11	1,000	»	» »	Pair	Bordeaux.	25	»	86	860
						999,60. Balance des Capitaux.	30	»	91	910
						89,58. Balance des Nombres.				5.362
						A déduire :				
						1f » Changes.				
						24 90 Commission, 1/4 s 9,950				
		63	45			25 90				
						Paiements.				
		936	15			Solde débiteur au	30	Juin. 1862.		
		9,950	»	1. »						7.880

PRESCRIPTIONS

RELATIVES AUX BILLETS A ORDRE ET AUX LETTRES DE CHANGE.

BILLETS A ORDRE. — LETTRES DE CHANGE.

Le *billet à ordre* est l'acte par lequel on s'oblige à payer une somme à une personne désignée, où à son cessionnaire par voie d'endossement.

Il est daté ; il énonce la somme à payer, le nom de celui à qui il est souscrit, l'époque à laquelle le paiement doit s'effectuer, la valeur qui a été fournie en espèces, en marchandises, en compte ou de toute autre manière. (Code Comm., 188).

La *lettre de change* est un titre commercial par lequel l'un des contractants s'oblige à faire payer une certaine somme d'argent, dont il a reçu la valeur, à une personne ou à son ordre, par un tiers, dans une ville différente du lieu où le titre a été souscrit.

Le billet à ordre n'est pas par lui-même, comme la lettre de change, un acte de commerce. Il n'a ce caractère qu'autant qu'il est souscrit par un commerçant ou pour une opération commerciale.

Cependant, bien qu'il ait été souscrit par un non commerçant et pour cause non commerciale, il n'en est pas moins négociable. Lorsqu'il émane d'un commerçant, il est censé fait pour son commerce, à moins que son contexte n'établisse le contraire.

Le billet à ordre est ordinairement fait sous seing privé, mais il peut être fait devant notaire, et cette forme devient indispensable pour celui qui, *n'étant pas commerçant,* ne saurait écrire que *son nom,* et ne pourrait y ajouter un *bon* ou un *approuvé,* portant en *toutes lettres* la somme ou la quantité de la chose dont il se reconnaît débiteur. (Code Civil, 1326).

La lettre de change constitue toujours un acte de commerce, et assujettit ceux qui l'ont souscrite à la juridiction commerciale et à la contrainte par corps. (Code Comm., 132).

Toute lettre de change doit être tirée d'un lieu sur un autre, énoncer la somme à payer, l'époque et le lieu du paiement, le nom de celui au profit de qui elle est tirée, être à son ordre et indiquer la valeur fournie en contre-valeur. (Code Comm., 110).

On entend par cette dernière prescription une indication précise, par exemple : *Valeur reçue en espèces, en marchandises, en compte.*

ACCEPTATION.

L'acceptation d'une lettre de change est un acte qui oblige l'accepteur à en payer le montant.

L'acceptation s'exprime par le mot *accepté* ou par d'autres mots équivalents : *elle doit être signée.*

ENDOSSEMENT.

L'endossement est l'acte mis au dos d'un billet ou d'une lettre de change, et par lequel on en transmet la propriété à un tiers.

L'endossement n'est valable que lorsqu'il a lieu pour un effet négociable, un billet à ordre, une lettre de change passés devant notaire, sous des effets négociables.

Si l'endossement notarié était séparé de la traite, il vaudrait comme transport, mais le bénéfice spécial établi pour l'endossement écrit sur la lettre n'y serait pas attaché. Il faudrait le signifier au débiteur.

Un endossement pour être régulier, doit contenir : 1° la date ; 2° la valeur fournie par celui au profit de qui l'endossement est fait ; 3° le nom de la personne à qui il est passé.

AVAL.

L'aval est une garantie particulière aux effets de commerce. Il doit être donné par un tiers, c'est-à-dire un individu qui ne soit ni tireur, ni endosseur, ni accepteur, et qui puisse s'engager par lettre de change. Il est rédigé sur la lettre même, ou par acte séparé. (Code Comm., 142).

L'aval est ordinairement fait sous seing privé, mais il peut être donné par acte notarié. Cela devient indispensable lorsque la partie ne sait pas signer. Il n'est d'ailleurs pas nécessaire que l'aval soit joint à la lettre de change. (Code Comm., 142).

DE LA PROVISION.

On appelle provision une somme laissée entre les mains de celui sur qui on tire une lettre de change et devant servir à la payer. Il y a également provision lorsqu'à l'échéance de la lettre de change celui sur qui elle est fournie, est redevable d'une somme au moins égale au montant de la lettre de change. L'acceptation suppose la provision. Elle en établit la preuve à l'égard des endossements.

DE L'ÉCHÉANCE.

Une lettre de change peut être tirée :

A vue ;
A un ou plusieurs jours } de vue ;
A un ou plusieurs mois } de vue ;
A une ou plusieurs usances } de vue ;
A un ou plusieurs jours } de date ;
A un ou plusieurs mois } de date ;
A une ou plusieurs usances } de date ;
A jour fixe ;
A jour déterminé ;
En Foire.

La lettre de change à vue est payable à sa présentation.

L'échéance de celle à un ou plusieurs jours, mois ou usances de vue est fixée par la date de l'acceptation ou par celle du protêt, faute d'acceptation. L'usance est de trente jours qui courent du lendemain de la date de la lettre de change. Si l'échéance tombe un jour férié légal, la lettre de change est payable la veille. Il en est de même pour celles échues la veille du jour fixé pour la clôture de la foire, ou le jour de la foire si elle ne dure qu'un jour.

PROTÊT.

C'est l'acte par lequel le porteur d'un effet de commerce fait constater que celui sur qui cet effet est tiré refuse de l'accepter ou de le payer. De là, deux sortes de protêt; l'un *faute d'acceptation* et l'autre *faute de paiement*. Le protêt *faute d'acceptation* doit avoir lieu, lorsque le tiré n'accepte pas la traite, ou même lorsqu'il l'accepte, mais seulement en partie; dans ce dernier cas, elle est protestée seulement pour le surplus. (Code Comm., 124). Quant au protêt *faute de paiement* de l'effet à son échéance, le porteur doit faire constater le refus du tiré le lendemain du jour où la lettre aurait dû être payée. (Code Comm., 162). Le protêt faute d'acceptation doit être fait par deux notaires, ou par un notaire et deux témoins ou par un huissier et deux témoins. Il doit contenir la transcription littérale de la lettre de change, des endossements et des recommandations qui y sont indiqués, puis la sommation d'accepter. Il doit aussi énoncer la présence ou l'absence de celui qui doit accepter, le refus d'accepter, les motifs qu'il a donnés de ce refus, sa signature ou la déclaration de ne pouvoir ou de ne vouloir signer. (Code Comm., 174). Le protêt ne peut être valablement fait un jour de fête légale (Code Proc., 63), si ce n'est en vertu de la permission du Président du Tribunal. Le protêt faute de paiement est soumis aux mêmes formes que celui faute d'acceptation. Il doit contenir en outre la transcription de l'acceptation, la sommation de payer; et s'il y a eu acceptation par intervention, on le signifie au domicile de la personne qui l'a donnée. (Code Comm., 173, 174). (Extrait du formulaire Pocket).

Les intérêts du principal d'une lettre de change protestée faute de paiement, sont dûs à compter du jour du protêt.

MODÈLE DU BILLET A ORDRE.

Sous la date du 8 janvier 1865, nous avons souscrit, à l'ordre de Munier, le billet suivant :

Châlons, le 8 janvier 1865.

B.P.F. 60 »

Au trente-et-un mars prochain, je paierai à M. Munier, ou à son ordre, la somme de soixante francs, *valeur reçue en marchandises.*

X.....

MODÈLE D'UNE LETTRE DE CHANGE.

Châlons, le 8 février 1863.

B.P.F. 172 »

Au quinze courant, payez par cette lettre de change, à l'ordre de moi-même, la somme de cent soixante-douze francs, *valeur reçue en marchandises pour solde à ce jour et que vous passerez suivant l'avis de*

M. Puget, à Arras. A......

DIVERS AUTRES MODÈLES DE LETTRES DE CHANGE.

LETTRE DE CHANGE A JOUR DÉTERMINÉ.

Besançon, le..........

B.P.F. 5,000 »

Au .... prochain, veuillez payer à M....., ou à son ordre, la somme de cinq mille francs, *valeur reçue en marchandises, laquelle somme vous passerez à mon débit, suivant l'avis de votre dévoué serviteur.*

A Monsieur..........
banquier, rue......., n°.., à Perpignan. (Signature.)

LETTRE DE CHANGE A VUE.

Châlons, le,.........

B.P.F. 1,005 »

A vue vous voudrez bien payer à M........, ou à son ordre, la somme de mille cinq francs, *valeur reçue en marchandises, laquelle somme vous passerez à mon compte, suivant l'avis de votre dévoué serviteur.*

A Monsieur..........
banquier, rue........, n°.., à Reims. (Signature.)

Au dos (ou verso) de la lettre de change sont les endossements ou actes de cession. Ils s'expriment ainsi : Payez à l'ordre de M......., valeur reçue comptant, en son billet, en compte, etc., suivant la valeur fournie. Suivent la date et la signature du cédant.

LETTRE DE CHANGE A USANCE.

Bordeaux, le.........

B.P.F. 500 »

A une (ou plusieurs) usances de vue (ou de date), veuillez payer à M......, ou à son ordre, la somme de cinq cents francs, *valeur reçue en compte, que passerez à mon débit suivant avis de*

votre dévoué serviteur.

(Signature.)

A Monsieur...........
banquier, rue......., n°.., à Orléans.

LETTRE DE CHANGE PAYABLE AU DOMICILE D'UN TIERS.

Rennes, le........

B.P.F. 8,000 »

A un mois de vue, vous voudrez bien payer à M......., ou à son ordre, la somme de huit mille francs, *valeur reçue en marchandises, et que passerez à mon débit, sans autre avis de*

votre dévoué serviteur.

(Signature.)

A Monsieur ....
Banquier à Charleville,
Pour payer au domicile de M........, à Mézières.

LETTRE DE CHANGE POUR LE COMPTE D'UN TIERS.

Versailles, le ....

B.P.F. 400 »

Au .... prochain, par ordre (ou pour compte) de....... suivant sa procuration en date du........., vous voudrez bien payer à M......, ou à son ordre, la somme de quatre cents francs, *valeur en marchandises, que passerez en compte suivant l'avis de*

votre dévoué serviteur.

(Signature.)

A Monsieur ....
négociant, rue......., n°.., à Paris.

Nota. — Toute lettre à un ou plusieurs jours, mois ou usances de vue, doit être datée. Cette date détermine celle de l'échéance.

LETTRE DE CHANGE A L'ORDRE DU TIREUR.

Lyon, le ....

B.P.F. 1,000 »

A deux mois de date, veuillez payer à mon ordre la somme de mille francs, *valeur en moi-même, que passerez à mon compte, suivant avis de votre dévoué serviteur.*

A Monsieur ....
banquier, rue......, n°.., à Angers.

(Signature.)

LETTRES DE CHANGE TIRÉES PAR PREMIÈRE, SECONDE, ETC.

Première Perpignan, le

B.P.F. 900 »

A vingt jours de vue, payez par cette première de change à M........, ou à son ordre, la somme de neuf cents francs, *valeur reçue en marchandises, laquelle somme vous passerez à mon compte, suivant avis de votre serviteur.*

A Monsieur ....
négociant, rue......, n°.., à Aix.

Seconde Perpignan, le...........

B.P.F. 900 »

A vingt jours de vue, payez par cette seconde de change (la première étant impayée) à M......., ou à son ordre, etc.

(Le reste comme la précédente.)

LIVRE DE CAISSE

ET

CARNET D'ÉCHÉANCES.

Doit ou *Débit*. LIVRE DE CAISSE. *Avoir* ou *Crédit*.

1863.				
Janvier.	1	Espèces en caisse, formant mon capital	30,000	»
	2	A marchandises générales, espèces reçues	106	25
	9	Idem	100	»
	13	A effets à recevoir, espèces reçues	108	75
	15	Idem	39	95
	28	A Gérard, espèces reçues	85	»
			30,439	95
Février.	1	Espèces en caisse ce jour	1,895	95

1863.				
Janvier.	1	Par marchandises générales, espèces comptées	4,726	»
	1	Idem	22,380	»
	1	Idem	960	»
	8	Idem	32	50
	25	Effets à payer; acquitté mon nº 2	143	75
	26	Frais généraux, espèces comptées	120	»
	30	Profits et pertes, espèces comptées	1	75
	31	Frais généraux, espèces comptées	180	»
		Solde en caisse	1,895	95
			30,439	95

CARNET D'ÉCHÉANCES.

Nos D'ORDRE.	DATES de la souscription.	PROVENANCE DES BILLETS.	Échéances.	SOMMES à recevoir.	NÉGOCIÉS A ou encaissés.
1	1863 janv. 9.	Tte de Henriet sur Giroult	10 févr.	110 »	Boinet et Ce.

Nos D'ORDRE.	DATES de la souscription.	NOMS DES PERSONNES au profit ou à l'ordre desquelles les billets sont souscrits.	Échéances.	SOMMES à payer.	DATES de l'acquittement.
1	1863 janv. 8.	Mon billet O/ Munier	31 mars.	60 »	«

VOCABULAIRE

EXPLICATIF

DES PRINCIPAUX TERMES EMPLOYÉS DANS LE COMMERCE.

A

ACCEPTATION. — Accepter une lettre de change (par exemple) promettre par écrit de la payer en mettant au bas le mot accepté.

A-COMPTE. — Somme en déduction d'une autre.

ACQUIT. — Quittance, décharge, certificat de paiement.

ACTIF. — Excédant de ce que l'on possède sur ce qu'on doit.

ACTION. — Portion d'intérêt dans les bénéfices d'une entreprise quelconque; aussi bien que les obligations, les actions se négocient à la bourse.

AGIO. — Différence qui se trouve entre l'argent courant et l'argent de banque ou billet.

APPOINT. — Somme qu'on ajoute pour compléter, faire le solde.

ATERMOIEMENT. — Accommodement entre un débiteur et ses créanciers, par lequel ceux-ci lui accordent un délai pour les payer.

ARRHER-ARRHES. — Avance pécuniaire pour assurer un marché.

AVAL. — Voir page 63.

AVOIR. — Voir page 17.

B

BALANCE. — Voir page 48.

BILAN. — Etat de la situation des affaires commerciales d'un négociant.

BILLET À ORDRE. — Voir page 62.

BONIFICATION. — Bénéfice réalisé dans l'achat de valeurs diverses.

BORDEREAU. — Enumération de pièces justificatives annexées soit à une lettre, soit à un dossier.

C

CAHIER DES CHARGES. — Acte par lequel on règle les conditions d'une adjudication publique, ayant pour objet, soit la vente de biens meubles et immeubles, soit l'acquisition de marchandises.

CAPITAL. — Voir page 19.

CAISSE. — Voir page 14.

CONCORDAT. — Traité entre les créanciers délibérants et le failli. Voir atermoiement.

COMMISSION. — Prix du courtage qui est payé au courtier pour la vente ou le placement des marchandises.

COMPROMIS. — C'est l'acte par lequel deux ou plusieurs personnes nomment des arbitres pour prononcer sur une contestation qui les divise.

COMPTE. — Calcul par écrit de ce qu'on a reçu ou donné.

CONSIGNATION. — Dépôt juridique d'argent, etc., en main tierce.

COURTAGE. — Commission du courtier. Il se calcule comme la commission à tant p. %. sur les affaires traitées.

CONTRE-PARTIE. — Nouvel article qu'on passe au journal pour annuler ou rectifier un article erroné.

CRÉANCIER. — Qui possède une créance. A qui on doit.

CRÉDIT (ouverture de). — Obligation de fournir à un individu des fonds ou des effets négociables jusqu'à concurrence d'une certaine somme.

CRÉDIT. — Voir page 17.

D

DÉBIT. — Voir page 17.

DÉCOUVERTE. — N'avoir aucun gage, aucune garantie pour sa créance.

DÉDIT. — Rétractation que quelqu'un fait de sa parole, ou de son obligation, le refus qu'il fait de l'accomplir.

DETTES ACTIVES. — Sommes dues à un négociant. Créances.

DETTES PASSIVES. — Ce que doit un négociant.

DÉLÉGATION. — Acte par lequel un débiteur donne à son créancier une autre personne pour payer sa dette à sa place.

DITO. — Mot qui signifie susdit, idem.

DIVIDENDE. — Somme à partager proportionnellement aux droits des créanciers, soit dans l'actif d'un failli, soit dans les bénéfices d'une société.

DOIT. — Voir page 17.

E

ÉCHANGE. — Change d'une chose pour une autre. Troc.

ÉCHÉANCE. — Date à laquelle on doit payer un billet, une lettre de change. Terme, fin d'un engagement quelconque.

EFFETS (de commerce). — Billets à ordre, lettres de change, etc.

EFFETS A PAYER. — Voir page 15.

EFFETS A RECEVOIR. — Voir page 14.

ENCAISSER. — Recevoir de l'argent, le mettre en caisse. Encaisser le montant d'un billet.

ENDOSSEMENT. — Voir page 63.

ESCOMPTE. — Perte que l'on subit en se faisant payer d'un billet avant son échéance.

ESPÈCES. — Argent comptant. Avez-vous des espèces, c'est-à-dire de l'argent?

F

FACTURE. — Note détaillée des marchandises qu'on livre.

FAILLI. — Commerçant insolvable qui dépose son bilan.

FONDS DE COMMERBE (vente de). — Convention par laquelle l'un s'oblige à livrer une chose, l'autre à la payer.

FRAIS GÉNÉRAUX. — Compte où sont portées les sommes que l'on paie aux commis, domestiques, etc., d'une maison de commerce.

G

GAGE. — Objet donné en nantissement d'une chose reçue ou prêtée.

I

INTÉRÊTS. — Ce qu'on reçoit pour le prêt d'une somme.

INVENTAIRE. — Action de constater ou de faire le récolement de ce que l'on possède en valeurs de toute espèce, ou dont on est comptable.

L

LETTRE DE CHANGE. — Voir page 62.

LETTRE DE CRÉDIT. — Voir le mot crédit.

LETTRE DE VOITURE. — Pour le transport de marchandises.

LIQUIDATION. — La liquidation est un acte préléminaire au partage ; elle est le réglement des droits des copartageants.

M

MANDAT. — Billet portant ordre de payer à l'ordre d'un tiers et à son profit, une somme désignée.

N

NÉGOCIER. — Se dit des billets que l'on cède contre espèces.

O

ORDRE. — Billet à ordre. Le passer à l'ordre de quelqu'un, c'est-à-dire le lui céder après y avoir apposé sa signature.

OBLIGATION. — Effets publics qui se négocient à la bourse.

P

PASSIF. — Dettes d'un négociant.

PERTES ET PROFITS. — L'un des comptes généraux.

POIDS BRUT. — Pièce non décapée ou contenue dans une enveloppe. Voir le mot tare.

POIDS NET. — Poids réel d'un objet quelconque et non encaissé.

PORTEUR. — Se dit de celui qui est détenteur d'un billet, d'une lettre de change, action, obligation, etc.

PRENEUR. — Celui qui reçoit ou qui prend d'un autre un billet, une obligation, etc.

PROTÊT. — Voir page 64.

Q

QUITTANCE. — Acte par lequel le créancier reconnaît avoir reçu.

QUITUS. — Arrêté définitif d'un compte.

QUOTE. — Quote-part, part que chacun doit recevoir ou payer dans la répartition d'un somme.

R

RABAIS. — Diminution.

RÉCÉPISSÉ. — Ecrit par lequel on reconnaît avoir reçu des papiers, des pièces, etc.

RECTO. — Première page d'un feuillet.

RELIQUAT. — Reste de compte.

REMISE. — Effets de commerce, billets, lettres de change, etc.

S

SOLDE. — Voir page 18.

SOLDER. — Voir page 18.

SOUSCRIPTEUR. — Celui qui a souscrit un billet.

SYNDIC. — Celui qui est chargé des affaires d'une faillite.

T

TARE. — Poids de l'enveloppe d'un colis.

TARER. — Peser un objet avant que de l'envelopper.

TRAITES ET REMISES. — Le mot traite indique des lettres de change que l'on tire (ou trace) sur un correspondant qui doit les acquitter, ou les payer. Le mot remise indique que le correspondant à qui sont envoyées des lettres de change, doit en opérer le recouvrement.

TROC. — Voir le mot échange.

U

USANCE. — Durée de 30 jours. On dit lettre de change payable à une ou plusieurs usances.

V

VALEURS. — Effets de commerce.

VALOIR (à). — Voir à-compte.

VERSO. — Seconde page d'un feuillet.

VRAC (en). — Marchandises à découvert, qu'on expédie sans être emballées.

TABLE DES MATIÈRES.

Châlons-sur-Marne, typ. H. LAURENT.

CHALONS. — IMP. H. LAURENT.

www.ingramcontent.com/pod-product-compliance
Ingram Content Group UK Ltd.
Pitfield, Milton Keynes, MK11 3LW, UK
UKHW020319220726
13923UKWH00003B/1253

9 782329 026572